笔者在合伙制实操案例花间堂活动现场

笔者在合伙制实操案例卫龙集团

合伙制实操案例德尔美客合伙人项目启动大会现场

笔者在合伙制实操案例河北东风养殖有限公司股权激励项目启动大会现场

笔者在合伙制实操案例吉利汽车集团

合伙制的
设计与实施

李芳——著

中国财富出版社有限公司

图书在版编目（CIP）数据

中国合伙人：合伙制的设计与实施／李芳著．—北京：中国财富出版社有限公司，2021.11

ISBN 978－7－5047－7597－9

Ⅰ.①中… Ⅱ.①李… Ⅲ.①合伙企业—企业管理—股权管理—研究 Ⅳ.①F276.2

中国版本图书馆 CIP 数据核字（2021）第 249112 号

策划编辑	郑晓雯	**责任编辑**	张红燕　郑晓雯	**版权编辑**	李　洋
责任印制	尚立业	**责任校对**	卓闪闪	**责任发行**	董　倩

出版发行	中国财富出版社有限公司		
社　　址	北京市丰台区南四环西路 188 号 5 区 20 楼	**邮政编码**	100070
电　　话	010－52227588 转 2098（发行部）		010－52227588 转 321（总编室）
	010－52227566（24 小时读者服务）		010－52227588 转 305（质检部）
网　　址	http://www.cfpress.com.cn	**排　　版**	宝蕾元
经　　销	新华书店	**印　　刷**	宝蕾元仁浩（天津）印刷有限公司
书　　号	ISBN 978－7－5047－7597－9/F·3392		
开　　本	710mm×1000mm　1/16	**版　　次**	2022 年 2 月第 1 版
印　　张	12　　**彩　插**　1	**印　　次**	2022 年 2 月第 1 次印刷
字　　数	174 千字	**定　　价**	55.00 元

前　言

在大众创业、万众创新的时代背景下，人力资本在企业中发挥的作用越来越突出，扁平化管理促使组织向平台化、生态化演变，单纯的雇佣制正向共创、共享的合伙人制度转变。

为什么合伙在当下如此重要？因为新时代对企业经营提出了新的要求。20 世纪八、九十年代是短缺经济时代，如果想成功创业，重要的是有胆量、抓机会。如今，各行各业充分竞争，供应充足甚至过度，竞争对手强大，仅靠胆量，创业并不容易成功，更需要的是找到合作伙伴，优势互补，有钱出钱，有力出力，有资源出资源，共同迎接外部强大竞争对手的挑战。

但是，几千年的小农经济思想，如“宁为鸡头，不为凤尾”“一个人是条龙，三个人是条虫”，导致合伙创业困难重重。历史上，梁山好汉、太平天国，最后都以悲剧结尾。现如今，新东方、比特大陆等企业在合伙创业之初都轰轰烈烈，但因为合伙人之间理念不一、志向不同，合伙人最终分道扬镳。

合伙难，错误的合伙更是难上加难，因为错误的合伙是企业难以承受之重。可见，一套科学合理的合伙人制度，对当下的企业来说是何等重要，它可以为企业的良性有序发展保驾护航。

笔者从事股权激励与合伙人机制的研究多年，深入分析过很多企业合伙失败的案例，并在实践中积累了大量有关合伙制的经验和心得。基于此，笔者从合伙型组织、合伙人治理、合伙人激励等方面进行阐述，并对许多典型合伙制案例进行总结归纳，供各位读者学习、借鉴。希望本书能够为中国企业家进行科学创业、科学合伙提供借鉴。

目 录

第一章

建立合伙制：释放员工潜能，助力企业腾飞

无论是电商巨头阿里巴巴集团，还是地产界巨擘万科集团；无论是时代浪潮下兴起的创业企业，还是历经风浪、久经考验的传统名企，合伙人机制已悄然成为这些企业的标配，代表着企业管理的新思维，是企业管理的新趋势和大方向。企业创新的形式有很多种，比如业务创新、产品创新、技术创新，不过，笔者认为企业管理机制上的创新是最为根本的。企业家要找到最适合企业本身的合伙人机制，就必须在企业筹备期开始琢磨。毕竟利益只能解决利益问题，解决不了忠诚问题；而忠诚只能解决忠诚问题，解决不了利益问题。所以，只有结合企业实际情况的合伙人制度，才有可能既解决利益问题，又解决忠诚问题。选择合伙人机制就是选择与人性相契，与趋势为伍！

一、打造事业共同体的管理机制

（一）公司制的现实困境与雇佣制的潜在危机

当下最为普遍的公司制发展到今天已经几百年了。最早的股份制公司可以追溯到大约400年前。当时的远洋冒险和海上贸易需要大量的资金。为了让大家放心地拿出钱来，欧洲人发明了有限责任制度，于是便有了股份制公司的雏形——东印度公司。

相较于个人独资或传统的合伙经营制企业，公司制成为大多数企业的选择是由于以下几个原因。

（1）大型企业很难以个体业主制或合伙制的形式存在。无限责任、有限企业寿命和产权转让困难是个体业主制及合伙制存在的三个缺陷，严重阻碍了企业筹集大量资金。

（2）企业的发展离不开资金的支持，企业未来的发展离不开融资能力的提升。在资本市场上，公司制企业的融资能力远超个体业主制企业和合伙制企业。

（3）公司制企业拥有更多的再投资机会。公司制企业更易于留存收益，为今后的再投资提供较大的可能①。

基于种种优势，公司制企业快速兴起，极大地促进了商业的繁荣和国家经济的发展。当然，公司制并不是完美的，也存在一些缺点，如公司制企业架构复杂、管理成本及决策成本高昂等。

公司制最为本质的特征是企业资产所有权与经营权的分离。然而，公司制发展到今天，其现实困境在于对股权的消极控制和制约与激励机制不健全。

（1）股东大会形式化趋势不可逆转。凡事都要股东大会表决，但是股东良莠不齐，对公司及其所面临的瞬息万变的市场环境了解得并不深入。董事会决定提案，参加股东大会的大股东表决通过，而大股东一般控制着董事会。所以，对股权的消极控制意味着股东大会并未发挥出积极的作用。

（2）制约与激励机制不健全。公司制企业代理成本高，运作效率低，由董事会、股东会、监事会三方共同保证企业安全稳健运营，因此运营时趋向于规避风险，寻找那些风险小且能产生正现金流的项目投资。而且公司制企业的激励机制不健全，员工利益与企业利益衔接不紧密，加

① 朱叶：《公司金融》，复旦大学出版社，2006。

上信息不对称导致的各种代理风险，使得公司制企业的运作效率比较低。

随着社会的变迁，基于固定薪酬的雇佣制体系正在走向崩溃。雇佣制是一种古老的商业组织形态，企业主为员工兜底，定期发放固定的薪酬；员工向企业主出卖时间，借助企业主的平台创造价值。员工定期获得固定的薪酬；而企业主获取更大的剩余价值。

许多人认为，企业主属于强者，员工属于弱者，倾向于“偏袒”员工，诸如即使员工在假期不工作，企业主依然要给员工发放固定薪酬，缴纳各类税费。但问题是员工不创造价值，企业主拿什么发钱？当前，基于固定薪酬的雇佣制体系可能导致企业破产、倒闭，抑制了社会整体的价值创造与创新。

雇佣制的潜在本质缺陷就是企业主为了获取剩余价值只能承担得多一点，而员工为了获取稳定的收入，只能接受收入“有限”。然而，行业更替与企业蜕变的频率越来越高，力度越来越大，一旦企业因经营不善或者商业模式被淘汰导致入不敷出，雇佣制极易使企业破产，员工失业。在现实中，雇佣制已经进入发展末期，“企业主无力独自承担企业经营的风险”与“员工不满足于固定的少量薪酬”成为企业主与员工都无法接受的现实。

（二）创新公司制，拥抱合伙制

华为公司创始人任正非曾说过，方向可以大致正确，组织必须充满活力。只有变革组织，才能持续激活组织价值创造要素；只有创新组织模式，重构组织与人的关系，打造属于自己的独特治理架构和合伙人机制，才能赋能于组织，构建组织治理新生态。

全球经济发展已步入后工业时代，企业的发展重点将会从重资产、重工业转向轻资产、轻机器化。未来，企业的核心竞争力不再是机器设备，而是能产生创意和富有创造力的人。经验证明，当合伙制与创新能力相结合后，可以有效解决“企业成功需要创新驱动，但又缺乏具有创新力的人力资本”这一矛盾。

公司制企业发展进程中的基于合伙人理念设计的合伙制，是对现有的公司治理结构的创新，赋予了企业更多的活力和持续发展的动力。合伙制能激发人才的内在潜能，释放人才价值，从而不断提升人才效能。唯有组织与人才机制的主动变革与创新，才能使企业真正跟得上时代的步伐，在这个以知识运营为经济增长方式、知识产业成为龙头产业、知识经济成为新的经济形态的时代，占据一席之地。

合伙制不仅是时代发展的要求，更是一种机制和经营管理模式的创新。它的兴起表明了人力资本在企业经营活动中的重要性越来越强。合伙制不仅是一种激励手段，也是企业持续发展的战略动力机制，是企业成长与人才发展的长效机制，是一个涉及企业战略创新、公司治理结构优化、组织与人才关系重构的系统工程。

合伙制就是把自己的长项（如技术、市场、资源等）发挥到极致，形成稀缺性，再去寻找他人的长项，并根据分配机制进行价值共享，最终达到“1+1+1=111”的复合效果，实现多方共赢。

合伙制企业的优势在于以下四个方面。

（1）筹集资本时可以适度突破资金受个人所拥有的量的限制，提高外部贷款的信用，使得资金来源变得更为充沛。

（2）由于风险分散到了各个合伙人身上，合伙制企业的抗风险能力得到了极大的提升，因此，合伙制企业可以以更强的自信心“开疆拓土”。

（3）由于责任共担，合伙人会竭尽全力地为企业发展而努力。

（4）众人拾柴火焰高，作为出资者的众多合伙人会综合自身的知识、阅历等，提升企业经营管理水平，助力企业更平稳地发展。

（三）释放员工潜能，助力企业腾飞

中国经济发展已经进入新常态，经济发展的环境、条件、任务、要求等都发生了本质变化。经济增长速度要从高速转向中高速，发展方式

要从规模速度型转向质量效率型，经济结构调整要从增量扩能为主转向调整存量与做优增量并举，发展动力要从主要依靠资源和低成本劳动力等要素转向创新与高素质人才驱动。

新常态下，高质量发展成为经济发展的新要求，发展目标已从“有没有”转向“好不好”。随着供给侧结构性改革的深入，我国的经济格局将迎来一场史无前例的大洗牌，未来各行业将逐步呈现出寡头经济形态。落后的企业将被淘汰出局，只有追得上时代发展的优质企业，才能适应新常态、把握新常态、引领新常态，成为新常态下的领头羊。

如何成为寡头，在新常态下独领风骚？技术创新和模式创新固然重要，不过笔者认为，组织与人才机制的变革与创新才是核心。据统计，许多小企业活不长、做不大的主要原因，不是企业家没有抓住风口和机会，而是一方面，企业的成功完全依赖企业家个人的能力，但企业的发展受制于企业家有限的时间和精力，企业家没有构建一个团队，没有打造一个不依赖于个人的组织，所以无法完成从机会成长到组织成长、从个人能力到组织能力的转型；另一方面，企业未老先衰，管理层激情衰退，小企业患上了大企业病，失去了小企业的敏捷与活力。

实践证明，很多成功的企业都已经完成了从个人能力到组织能力的转型，无论是互联网企业（如小米、阿里巴巴、美团等），还是制造企业（如海尔、美的等），都是典型的平台型组织，有自己独特的人才机制。传统组织的“选、用、育、考、留、退”机制是刚性的，而平台型组织的机制则是规则导向、自主自发的，个体与组织之间是合作共赢的关系，不再是依附与被依附的关系，这样的组织更容易激发人才的内在潜能，释放人才价值，从而释放更大的能量。平台型组织促进了合伙制的进一步发展，二者相辅相成，助力企业完成从个人能力到组织能力的升级。

自改革开放以来，我国从未停止过对组织与人才机制的变革与创新。承包经营责任制是我国深化企业改革，不断完善企业经营机制与提高企业经济效益的一种两权分离的制度。企业与承包者按照所有权与经营权相分离的原则，订立承包经营合同，将企业“经营管理权”的全部或部分在一定期限内交给承包者，由承包者对企业进行经营管理，并承担经营风险及获取企业收益。实行承包经营责任制后，不少企业取得了明显的效果，但随着市场经济的不断发展也引发了一系列的问题。

（1）企业的短期行为问题：只注重短期目标的实现，而忽略企业的中长期发展。

（2）承包基数偏高或偏低的问题：承包基数由双方谈判确定，偏高缺乏激励性，偏低不利于企业发展。

（3）包盈不包亏的问题：盈利由双方共享，而亏损却需要企业兜底，亏损严重时顶多撤换承包负责人。

（4）个人利益与企业利益的冲突问题：承包者为了实现承包基数，透支企业资源，影响企业的长远发展。

鉴于此，承包经营责任制渐渐退出了历史的舞台。21 世纪初，阿米巴经营模式受到我国企业界的热捧。阿米巴经营模式就是把经营单位划分成多个很小的阿米巴（盈利单元），并以各个阿米巴的领导为核心，让其自行制订各自的计划，并依靠全体成员的智慧和努力来完成计划，通过这样一种模式，打造出激情四射的集体。这一模式使每一位员工都成为主角，主动参与经营，贡献智慧和努力，进而实现“全员参与经营”，完成企业的经营目标。日本的“经营之圣”稻盛和夫凭借这一模式创立了两家世界500强企业，救活了日本航空公司。但在我国，该模式惨遭“滑铁卢”，一大批企业如罗莱家纺等采用了阿米巴经营模式，效果却不理想。造成这种现象的主要原因包括以下四个方面。

（1）阿米巴经营模式对员工的意识和理念的要求相对较高。

（2）阿米巴经营模式的内部交易一旦处理不好，可能会引发员工的自私自利行为。

（3）阿米巴经营模式要求精细化管理，其对后期的软件及信息化的要求会越来越高。

（4）阿米巴经营模式强调人要正确地做事，但并没有提及哪些事是正确的事，缺乏对战略方向的规划。

我们不否认阿米巴经营模式确实是一种好的经营模式，但显然不适用于我国现阶段的大多数企业。那要如何走出当前的困境呢？阿里巴巴、华为、小米等一大批本土企业的成功崛起，带火了合伙人模式，并证明了合伙人模式是在我国行之有效的企业经营模式。合伙人模式可以有效地突破资金压力，走出人才流失的困境，集合员工、亲友、合作伙伴、投资人等各路力量，将企业与员工的关系从原来的雇佣关系，转变为共识、共担、共创、共享的合伙人关系，充分调动员工的积极性，使员工与企业共进退、同发展。

因此，我们认为，企业要实现基业长青和长治久安，核心在于组织与人才机制要常新，每家企业都需要建立自己的合伙人机制，打造独特的组织。

小米创始人雷军曾说，在创业初期，创业者唯一的资产就是那百分之百的梦想。创业的过程就是拿百分之百的梦想去与资金分享，与最优秀的工程师分享，与最好的市场分享，与最好的资源分享。创业就是在分享与合伙中完成梦想拼图。

创业，本就是九死一生。但目前，大家更常听到和看到的是乔布斯等人的“九生一死”，一个个成功的IPO（首次公开募股）把企业家光鲜的一面无限放大，使人们忽视了那些创业失败的人。

创业，其实不仅仅是为了致富，还是为了去做一些有意义的事情，是体验生命的过程。从未思考过创业可能会失败的人，可能走不了多远；创业时首先能想到如果失败了会怎么样的人，成事的机会反而更大。

未来，具备战略生态化、组织平台化、人才和要素资源的合伙化这三个特征的企业成功的概率更高。也许，未来的40年是企业和产业要素合伙的40年。新时代的企业家逐步意识到，在新时代创业，一个人很难成事，合伙经营才可能把握现在、赢得未来。

二、如何识别伪合伙制

（一）伪合伙制的六大特征

目前，讨论合伙制的人特别多，但是大家对于什么是合伙制谈得很少。有的人只是蹭热点，有的人把合伙制说成包治百病的灵丹妙药，还有的人对合伙制一知半解，却大谈特谈如何设计合伙制。合伙制是个好东西，但前提是你得“买”到正品。

笔者基于多年为企业设计合伙制的实战经验，总结出了伪合伙制的六大特征。如果你接触的合伙制有以下六大特征之一的话，那么就需要小心了。

1. 只谈合伙，不谈收益

这类合伙将合伙制上升到道德层面。其核心思想是给他人打鸡血，只谈奋斗，不谈收益。

2. 只是口头上说合伙

这类合伙其实就是过去的提成制、奖金制的变种，把合伙制局限在划分收益的层面，但不分配股份。

3. 附加严格条件的合伙

这类合伙附加各种严苛的考核，入伙有考核，分红有考核，转股有考核，考核指标还特别高。名义上的合伙人，实际上还是老板的员工，稍有懈怠，随时“净身出户”。

4. 毫无话语权的合伙

这类合伙可以给员工分钱，但是不允许员工就公司发展提意见，只能听命于老板。

5. 有共享，无共担

这类合伙的老板比较厚道，跟员工合伙主要是想和员工交朋友。员工有钱分，不会亏，万一企业经营不善，老板还兜底。

6. 无共享，有共担

这类合伙中的员工虽然叫合伙人，但是很难得到收益。而且，老板一定会让员工投资，还会让代理商和客户投资，自己却不投资。

以上就是伪合伙制的六个“临床诊断”标准，希望大家结合自己日常的所见所闻，做个自我诊断，看看自己推行或接触的合伙制是不是伪合伙制。如今，真正的合伙人是稀缺品，真正的合伙制也是稀缺品。希望大家能以正确的心态理解合伙制，应用合伙制。伪合伙制可能会使企业获得短期利益，但从长期角度看会出现问题，为防患于未然，大家需要牢记伪合伙制的特征。

（二）合伙制的误区

应用合伙制时要避免以下误区。

1. 合伙制不等于股权激励

企业治理的最高境界是平衡人性与利益，通过打造“命运共同体”，使企业呈现新的面貌，为铸就百年基业奠定扎实的基础。在人才缺乏的时代，一将难求，留住关键人才成了企业的战略性问题。为此，许多企业家绞尽脑汁，使尽浑身解数，股权激励与合伙制这种用人、留人的激励措施便应运而生了。

有些企业家误以为，所谓合伙制就是股权激励，企业实施股权激励就是实行合伙制。但是，二者看似相似，实则有着本质的区别。那么合伙制与股权激励究竟有什么区别呢?

合伙制是去中心化的经营理念，可以重构人才与企业的关系。依据合伙人贡献（如资金、能力、资源等方面）的大小，确定各方拥有股权的比例，通过合伙的选拔机制和退出机制，确保“谁创造谁分享”原则得以遵守，充分尊重人才。因此，合伙制的关键在合伙人。而股权激励从管理的角度看仅仅是一种激励手段，经营主体的经营、控制本质没有改变，它仍然是以老板为中心的管理模式。因此，股权激励的主动方在资方，在老板。

合伙制是为了激发合伙人的持续创造和行为贡献。企业发展需要的不是股东，而是企业长期发展所需的合作伙伴。合伙人必须从企业长远发展的角度思考和行动，才能使企业常青。而股权激励相对于合伙制来说属于短期激励，被激励者往往存在短视思维，只关注他们是否能获得当前的利益。

实行合伙制的企业要求合伙人认可企业的文化和理念，以期达成共识。合伙制更注重发掘人才的价值，而不仅仅是资本的价值；其分享的是贡献价值而非投资金额所产生的收益。合伙制企业一般不允许过多的人成为合伙人，而是根据实际情况进行严格的人员限制。实施合伙制的企业期待拥有为企业发展共同努力的人才，更青睐有一定业务能力，能够带团队、带队伍，团队业绩良好的人；更青睐在某一领域有特殊才能的人；更青睐有特殊资源的人。而股权激励可以面向企业的所有成员，也可以选择能够创造出更高业绩或有创造更高业绩潜能的人。

合伙制的适用范围较广，可以采用事业合伙、股东合伙等多种形式，退出也相对灵活。而股权激励有严格的程序和法律要求，如资产评估、占股比例、利润公开等，退出严格受《中华人民共和国公司法》（以下简称《公司法》）约束。

与股权激励相比，合伙制的优势在于：合伙人分享的是增量价值，向市场要利益用于分配；合伙人不分股东的既得利益，而是持续做大股东利益；合伙人的收益与团队增量价值、个人贡献价值有更多关联；合伙人将管理者转变为经营者，实现高度利益趋同。

总而言之，合伙制关注的是人创造的价值的分配，相对更加灵活，具有较大的空间，要求合伙人对经营负责。合伙制不仅可以汇集资金、资源、技术、管理等各方力量，扬长避短，还能真正做到去中心化，增强企业内部的公平性，提高决策的准确性。而股权激励具有资本整合的内涵，侧重于资本的价值分配，受到法律和其他因素的制约，要求参与者对投资负责。同时，股权激励是合伙制的核心组成部分，作为连接合伙人与企业的纽带，股权激励在赋予合伙人权利的同时，也将合伙人的利益与企业前景紧密捆绑在一起。股权激励是合伙制得以落地的重要手段。

2. 合伙制不等于资源整合

资源整合是指企业对不同来源、不同层次、不同结构、不同内容的资源进行识别与选择、激活和有机融合，使其具有较强的柔性、条理性、系统性和价值性，并创造出新的资源的一个复杂的动态过程。

资源整合只是合伙制的外在表现之一，其真正的目的在于通过发挥各方资源的最大优势，形成合力，创造更大的价值，在“共识、共担、共创、共享”①的基础上，实现增量的共享和多方的共赢。合伙制倡导去中心化的理念，与其说是资源整合，不如说是强强联合，是人、财、物的联合，大家彼此依存，各尽所能，共同促进，在新常态中走向寡头之路。

3. 合伙制不等于利益共享

合伙制整合的不是钱，而是人品、格局、规则。因此，合伙制不仅是利益共享，其完整的思想是要建立“共识、共担、共创、共享”的企业文化。这一点是有别于股权激励的，股权激励重在利益共享，共担的也仅仅是效益，而不是企业所遭受的损失。

共识和共担是基础，没有共识就没有合伙的可能。共识过程往往需要明确：我们是谁？我们从哪里来？我们要到哪里去？这比怎么合伙更重要。只有完成这个过程，才能筛选出志同道合的人，才能找到真正的合伙人。

合伙制要求所有合伙人既要具备共担的意愿，也要具备共担的能力，两者缺一不可。有些人有共担的意愿却没有共担的能力，有些人有共担

---

① 彭剑锋：《中国事业合伙制的五大模式》，《科技与金融》2018 年第 4 期，第 39 至 44 页。

的能力却没有共担的意愿，还有些人既没有共担的意愿也没有共担的能力。这三类人都不能成为合伙人。

4. 合伙制不是“一伙人机制”

把一群人聚到一起各干各的，这样的机制不是合伙制，而是“一伙人机制”。什么才是真正的合伙制？合伙制是基于互联网思维和产业生态思维，把技术、资本、产能、资源、智力等价值创造相关方组织起来，形成“共识、共担、共创、共享”的一种分工协同机制。

那么，什么是分工协同呢？简而言之，一个人能单独创造2000万元的业绩，另一个人也能单独创造2000万元的业绩，如果这两个人合伙，也许能创造1亿元的业绩。他们各自还是有2000万元业绩，但双方基于增量的6000万元业绩按照交易结构来进行分配，这才产生了合伙的前提。许多企业没有考虑这个前提，不以产生增量价值为前提，贸然去推行合伙制，而对原来存量的分配就等于“躺平”。

总而言之，合伙制的本质是利益与风险捆绑，“风险共担”是筛选内部合伙人的标准。企业需要的是有风险共担意识的管理者和员工，需要有能力、有担当、认可企业文化和价值观的管理者和员工，这样他们在企业改革的过程中才能与企业同呼吸、共命运。

三、如何建立真正的合伙制

合伙制是基于互联网思维和产业生态思维，将技术、资本、产能、资源、智力等价值创造相关方组织起来，形成“共识、共担、共创、共享”的一种分工协同机制。价值创造方在交易结构中以希望得到的价值作为奋斗的原动力，共同推动企业的发展和创新，最终获得应有的回报。

第一，合伙制不仅是内部合伙人的构建与简单的员工激励，而且需要考虑在未来发展中如何把产业的要素转变为合伙的要素，以汇集各方力量，发挥各方能量，在急速变化的外部环境中站稳脚跟，在练好“内功”的同时外拓疆土。

第二，合伙制是一种符合人性的机制。合伙制可以充分激发人才的内在潜能，使人才在奋斗的同时，也为企业创造价值，促进企业的进一步发展，最终实现员工与企业的共赢。

第三，合伙人必须建立在“志同道合、合作与共享、资源与能力”的基础上，才能真正发挥其强大的作用，这就要求企业文化建设与机制设计同步进行。只讲文化却无机制，老板个人持有100%的股权，文化就是空中楼阁；只讲机制却无文化，老板稀里糊涂地分股权，员工稀里糊涂地获取激励，有可能也达不到激励的效果。

第四，合伙制的目的是把效率提升起来，使企业的价值增长与每个员工，甚至外部参与者都相关。合伙制的推行要求企业实现以下两个转变。

（1）从个人奋斗转变为团队的共同奋斗，将利益共同体变成事业共同体，甚至是命运共同体。

（2）从各种稀缺资源的单打独斗转变为“1 +1 +1 =111”。

（一）合伙制的核心价值理念

合伙制是一种古老而又崭新的企业治理形态。本质而言，合伙制是以人力资本为纽带，将人力资本与企业价值创造相联系，在人力资本与货币资本的交互合作中，人力资本拥有更多的剩余价值索取权与经营决策话语权。

合伙制渐成主流，因为人力资本能创造企业价值，合伙制已成为企业治理的关键手段。一个企业想要成功推行合伙制，需要所有合伙人认可合伙制的核心价值理念，即“共识、共担、共创、共享”①。

---

① 彭剑锋：《中国事业合伙制的五大模式》，《科技与金融》2018年第4期，第39至44页。

1. 共识

共识是企业推行合伙制的基础。合伙制企业靠使命与价值驱动，依靠强大的文化纽带和长期承诺，需要有企业家精神，需要人才与组织相互信任的机制。如果合伙人能够达成战略共识，使命和价值观一致，就能解决“道同”的问题，从而减少企业的内部沟通成本，并构建起相互信任的机制。同时，合伙制企业领导人需要转变观念，要完成从“个人能力”向“组织能力”的转化，要实现从“企业家的企业”到“企业的企业家”的转变，这样才能实现合伙打天下、赢未来的局面。

2. 共担

共担意味着要共同承担风险和治理责任。合伙制瓦解了简单的雇佣关系，将合伙人的人力资本和货币资本与企业的经营业绩进行捆绑，进而激发和增强合伙人的责任感和归属感，有助于获得更大的资金回报，实现企业与个人的双赢。

比如小米创业团队，奋斗的目标从追求金钱的物质层面，上升到了追求事业成就感的精神层面。所以，他们创业时看重的不是获得的物质回报，他们愿意共担风险，只为共同成就一番事业。

3. 共创

本质而言，合伙制培养的是合伙人持续、共同创造价值的奋斗精神。在合伙制企业“价值创造—价值评价—价值分配”的有机循环里，先有长期激励，再有丰厚分配，最后形成“人人都是创业者，人人都是企业家”的局面，在承担高风险的同时获取高回报。

比如芬妮科技采用了“裂变式创业”的模式，通过竞选选出优秀的合伙人。参加竞选的人作为大股东，必须投入项目所需资金的10%，最后谁的投资额大，谁就是新公司的总经理。和职业经理人不同，这样选出来的总经理更能够全身心投入，根本原因在于他们不是以员工的心态工作，而是以创业者、老板的心态来成就一番事业。

4. 共享

共享意味着合伙人需要共享自身的知识、智慧、技能、信息、人脉、资源等，在良性的共享生态体系中创造非凡的事业。

比如德邦物流的事业合伙人计划，由总部直接管理基层合伙人，采取直营辅助合伙人的模式，开业前对合伙人进行深入细致的培训，合作中不定期提供统一的免费培训，包含运营流程、操作规范、异常处理等方面的培训，同时还针对每一位事业合伙人制定一套运营质量考核体系，对考核不合格的合伙人给予处罚甚至取消其合伙人资格，对于达成目标的合伙人则按照规定进行奖励。这样不仅实现了利益共享，更帮助合伙人获得能力的提升和业务的发展。

总之，具有“共识、共担、共创、共享”特性的合伙制，打造的是一种激励机制，更是一种企业跨越式发展的战略动力机制，重构了人才与组织的关系，优化了企业治理结构，激发出合伙人的创新创造能力，夯实了企业的存量，拓宽了企业的增量。

（二）合伙制的特点

合伙制有以下五个方面的特点。

（1）由 2 人或 2 人以上的投资人共同设立。

（2）合伙人要对债务承担责任。

（3）合伙制需要有合伙协议来约束并把它作为基础。

（4）合伙制企业不能取得法人资格。

（5）自愿组成合伙组织形式，同时至少有 1 个承担无限责任的普通合伙人。

（三）合伙制的七大原则

大量的事实证明，合伙制是先进且有益的，它帮助众多企业取得了成功，那么我们是不是可以直接套用华为、阿里巴巴、腾讯等标杆企业的模式，助力自己的企业发展呢？显然是不可以的，因为每个企业的情况各不相同，其所拥有的资源和条件、所处的阶段、所在的行业并不一样。简单复制他人的模式不仅难以成功，还可能产生副作用。

虽然不能直接套用成功企业的模式，但是通过分析其经验，我们总结出了合伙制的七大原则，我们在实施合伙制时可以参考这些原则。

（1）志同道合是合伙制推行的前提，否则合伙制就变成了“一伙人机制”。

（2）必须要有“1+1+1=111”的复合效用的产生，否则就没有分配增量的基础。

（3）能力和意愿是合伙制形成的两个必要条件。有能力没意愿、有意愿没能力的人都不可能成为合伙人；意愿与人的品德、境界、事业心不是有必然联系的，大可不必将合伙人的意愿同品德与境界挂钩。

（4）合伙制重在激励而非分配。所以，合伙制要讲究激励规则，用规则引导人们“共识、共担、共创、共享”是合伙制存在的奥义所在。

基于历史贡献的是分配机制，基于未来贡献的才是激励机制。二者的变现机制、退出机制、授予机制全都不同。把分配机制和激励机制这两种机制糅合在一个体系当中，公平性会受到挑战。历史的归历史，未来的归未来，一定要把这两种机制放到两个激励体系中去操作。

（5）企业要先有一流的机制，才能撬动一流的人才加入，然后一流的人才创造一流的业绩。但一流的机制并不代表一流的薪资。合伙制可以用较低的薪资找到一流的人才，因为企业与合伙人分享的不是当下的薪资，而是未来资本化的收益。

（6）不要认为合伙人是固定不变的。合伙制的确立是一个动态股权机制下的优胜劣汰的过程。在这个过程当中，优秀的人逐渐替代落后的人。经过优胜劣汰的机制才是最有效的。

（7）不要寄希望于给予某人合伙人身份，他就能真正成为合伙人。这是因为个人的意愿可能无法被机制改变，但可以通过机制进行筛选和迭代。

企业在实施合伙制时，要充分认识并且遵从这七大原则。由此出发，结合企业当前的实际情况及未来发展战略，设计实用的、能落地的合伙制。

（四）合伙人的分类

合伙人可分为内部合伙人和外部合伙人。前者主要包括业务合伙人、事业合伙人和核心合伙人；后者主要包括渠道合伙人、资金合伙人和技术合伙人。

成为业务合伙人的主要是有能力为企业带来业绩的员工；事业合伙人主要指把企业的工作当作自己的事业去做，愿意长期和企业共同发展和奋斗，有着这样主人翁精神的员工；核心合伙人的定位比较特殊，任何一类合伙人都可能成为核心合伙人，这取决于企业的侧重点在哪里；渠道合伙人是企业构建营销网络的重要力量；资金合伙人不仅能改善企业现金流情况，而且对各类决策也会有较大的帮助，是不可多得的合伙人；技术合伙人指的是带着核心技术入伙的个人或团队，对技术要求高、技术依赖性强的企业来说至关重要。

（五）选拔合伙人的标准

企业初创，机制先行。我们要明白，任何选择都不太可能是完美的选择，所以也就无须追求完美的选择。有可能解决现存问题的选择就可能是当下最好的选择。在没有更好的选择以前，先把“手头最好的”使用起来，就是正确的选择。

优秀的合伙人是实战锻炼出来的，是经历时间与挑战的洗礼筛选出来的。观人、识人、投资人、留住人才是硬道理。

什么人适合被选拔为合伙人？笔者认为，合伙人应该满足以下八个条件。

（1）志向远大，有抱负，有理想。

（2）勇于实践而不是纸上谈兵。

（3）有奉献精神，舍得付出。

（4）价值观、理念与企业及管理者高度一致。

（5）与其他合伙人优劣互补，各有专长。

（6）宽容大度，理解和信任其他合伙人。

（7）易于沟通。

（8）坚定地支持伙伴。

以上就是企业选择合伙人的八个条件，在企业成立之初或者实施股权激励、吸收新的合伙人加入时，要全面把握，深刻理解上述八个条件的内涵。

以上是企业内部合伙人的筛选标准。对于企业外部合伙人，主要是根据企业的实际经营情况，在恰当的时机引入渠道、资金或技术等方面的合伙人，帮助企业补足短板，完善结构，增强实力。

（六）适合推行合伙制的企业类型

从行业来区分，可将适合推行合伙制的企业分为以下三大类。

（1）投资、咨询等专业性很强的少数知识密集型行业企业，其特点为：①采用法律意义上的合伙企业组织形式；②知识所有者独占控制权与剩余收益中的至少一项；③为所有证券市场所不容。典型企业有高盛（上市前），大部分PE（投资）机构、会计师事务所、律所等。

（2）在创业阶段需大量引进资本的互联网企业、科技创新企业，其特点为：①多采用“公司制＋特殊构架”组织形式；②合伙人团队通过特殊机制掌握控制权；③通过资本入股享受收益。典型企业包括阿里巴巴（合伙人委员会）、谷歌（双层股权）等。

（3）在高速发展阶段需大量引进人才，或者在转型期需留住人才的传统企业，其特点为：①采用“公司制＋合伙制”管理模式；②多由合伙人团队通过资本入股分担风险，享受相应收益；③强调平等、分享等合伙文化。典型企业有万科、海尔、永辉、复星、高盛（上市后）等。

四、构建三大关系，确保一个原则

合伙制落地的关键是构建三大关系和确保一个原则：基于未来战略的重要性，通过长期捆绑机制（授予股权或分红权），重构人才与资本的关系；通过组织变革实现企业的平台化和生态系统模式，重构人才与组织的关系；通过管理去中心化，重构人才与领导的关系，扁平化管理；通过合伙人选拔机制和退出机制，确保“创造者即分享者”原则的实现，实现人尽其用、各得其利。合伙人退出机制是合伙制落地的关键之一，如果不制定并实施好退出机制，可能会对企业造成难以估计的损失。

现实生活中，我们经常会听到这样的事情：企业初创时，最常见的有夫妻合伙、兄弟合伙或朋友合伙，在企业所有业务都没有眉目的情况下就“凭感觉”初步确定了合伙人之间的股权比例。然而，就在企业一路跌跌撞撞成长起来，发展得还不错的时候，有的合伙人认为股权分配不公平，为了股权的比例、话语权的大小，夫妻、兄弟、朋友之间产生争执，甚至大打出手。

创业过程中夹杂着复杂的人性，在创业最艰难的时候大家尚能同舟共济，可到了“直挂云帆济沧海”时，矛盾却凸显出来了，正所谓“创业容易守业难”！为什么会出现这种大家都不愿意看到，但往往又不可避免的情况呢?

一方面，随着企业的发展，合伙人的能力差异、认知差异逐渐凸显。有些合伙人在不断学习、不断进步，而有些合伙人依然原地打转，免不了落后于他人。合伙人之间越来越无法达成企业发展共识，最终导致矛盾加剧、关系破裂。另一方面，企业初创时所确定的股权比例的随意性和不确定性很强，在后续的经营过程中体现出来的能力高低、贡献多少，往往与最初的股权比例不匹配，造成合伙人的付出与回报不对等，由此带来的利益落差也容易激化合伙人之间的矛盾，“合伙”就会逐渐演变成“散伙”。

那么，我们应该如何预防“散伙”的出现呢？

一是从创业伊始就确立企业的实际控制人。

曾经有个公司的小股东说：“当年，老大要给我30%的股权，我没要；最后我只要了10%的股权。”笔者问他公司现在做到这么大的规模了，是否后悔当初的决定。他说：“幸好当年我只要了10%的股份，如果我要20%以上，我俩早就分家了。”他的回答让人吃惊，却又使人醍醐灌顶。的确，从一开始就确定谁是企业的唯一实际控制人，对外只输出一个声音，对企业的长远发展有着重要的作用。

虽然合伙时可能双方关系不错，但是千万不能仅凭感情说话，而将企业股权平分。股权平分，就意味着企业没有实际控制人，任何经营事务都需要大家一起做决定，每个股东都觉得自己是老板，导致公司内耗严重，业务停滞不前。一般来说，合伙创业，企业一定要有一个实际控制人。当内部合伙人有不同声音的时候，以实际控制人的意思为准，避免企业经营效率低下。

二是区分出钱的股东与出力的股东。

创业初期，股权比例大多是根据原始出资额的多少确定的，但是在经营过程中，有些合伙人变成了只出钱不出力的股东，有些合伙人则成了既出钱又出力的股东。这种情况下，要提前约定好未来要根据创始股东出力的多少对股权比例进行调整。实际可行的方法是对企业的主要“操盘手”进行股权激励，进而提高既出钱又出力的股东的股权占比，这样才能实现相对平衡，有利于企业的长远发展。

那么，股权具体要怎么划分呢？那就需要综合考虑人力、资金、技术、资源对企业的价值，依据企业的性质以及股东协商的结果进行划分。如果是技术驱动型企业，股权结构可以依照30%的资金股、20%的人力股、40%的技术股、10%的资源股进行划分；如果是人力驱动型企业，就可以依照20%的资金股、30%的资源股、50%的人力股进行划分；如果是资金驱动型企业，就可以适当加大资金股比例，如依照50%的资金股、20%的人力股、30%的资源股进行划分。不同的企业，股权结构也不同，只要切合企业的实际情况，全体股东同意，便可以实施。

股权就像蛋糕，这个蛋糕怎么分，给谁多点给谁少点，都应该有策略。尤其是当企业不断发展时，股权结构也应该做出相应调整。当然，分蛋糕的目的不在于让所有人吃饱，而是让所有人吃好，让贡献度大的人满意，让贡献度小的人努力。企业在动态发展，在实际运营中，有的合伙人的贡献度越来越高，有的却没有贡献，甚至拖后腿。如果股权结构一成不变，那么对贡献度高的股东来说就是一种伤害，会打击其积极性，同时也会让有些贡献度低的股东"躺在股份上睡大觉"。

三是建立良好的企业治理机制。

合伙人之间的战略和利益分歧从一开始就要通过股东大会或者董事会层面的规则来解决，不要私下解决。同时，创始团队在经营管理方面要分工明确，不能以创始人或者股东自居，而是要为共同的事业付出。而且，创始团队在分工的基础上要进行协作，尽量避免在重大事项上的剧烈冲突和对立。

四是提前约定好退出机制。

"皮之不存，毛将焉附。"从企业创立之初，就要明确共同的创业目标，应强调企业利益是全体创始人合伙创业的核心，没有企业利益的保障，个人利益就是无本之木、无源之水。如果强调个人利益，就要提前约定好详细的退出机制。

出资方是资本提供方，而出力方是人力提供方。出资方提供的是创业平台、资金或资源，其风险是资本损失。出力方提供的是人力和智力，其成本是时间和机会。资本是可见的，而人力和智力是不可见的，因此，在出资方和出力方正式合伙前约定好散伙时如何处理股权，是理所当然和很有必要的。就像现在很多人在婚前签订婚前协议，避免如果离婚产生不必要的麻烦，其实这也是一种自我保护方式。合伙前约定好退出机制，比如三年内不允许退伙，一旦发生有人退伙的情况，其股权如何处置，由谁来回购，回购价是多少，等等。提前将这些约定做好，就可以尽可能避免合伙人退出对其他合伙人造成损失和伤害。

总而言之，合伙创业需要一套成熟的规则和模式，用以规范处理合伙人之间潜在的矛盾。这既是对创业团队负责，更是对企业的长远发展负责。企业初创期，为了企业的稳定发展，一般来说创始人占股67%以上就可以实现完全控股了，这个时候股权变动小，人员结构简单，新晋人员少。随着企业的发展，企业在各方面都有了一定提升，这时候可以引入投资人或者采用内部员工激励机制，原始合伙股东需要转让一部分股权来进行融资或者员工激励。但一定要注意，企业的股权比例要保持动态调整，要根据合伙人的贡献和企业的发展需要随时做出调整。唯有如此，才能不断激发合伙人的创业热情，让企业登上一个又一个高峰。

五、合伙制相关概念释疑

（一）合伙企业与有限责任公司

如何区分合伙企业与有限责任公司呢？

（1）从设立的依据和特征来看，合伙企业是指自然人、法人和其他组织依照《中华人民共和国合伙企业法》（以下简称《合伙企业法》）在中国境内设立的普通合伙企业和有限合伙企业。其特征如下：①合伙企业一般无法人资格。②合伙协议是合伙企业得以成立的法律基础。合伙协议是处理合伙人相互之间的权利义务关系的内部法律文件，仅具有对内的效力，即只约束合伙人。③与独资经营的企业相比，合伙企业具有集中力量、共同经营某种事业的特点。

而有限责任公司是根据《公司法》《中华人民共和国公司登记管理条例》（以下简称《公司登记管理条例》）规定登记注册，由 50 个以下的股东共同出资，每个股东以其所认缴的出资额对公司承担有限责任，公司以其全部资产对其债务承担责任的经济组织。有限责任公司包括国有独资公司以及其他有限责任公司。其特征是具有法人资格。这种组织机构具有对外统一性和相对稳定性，不因为法人成员的死亡或退出及其他变化而影响其民事权利主体资格的存续。法人的这一特征，使其区别于单独的自然人；法人拥有独立的财产和人格，并能独立承担民事责任。法人的独立财产是其从事民事活动的物质基础，也是其最大的法律特征；其与自然人一样是具有独立人格、享有独立地位的民事主体，能以自己的名义实施法律行为，以其自己的财产承担独立于成员的有限责任。

（2）从设立条件来看出资人数：①合伙企业，根据《合伙企业法》的规定，合伙企业应该由 2 个以上的合伙人出资设立，其中有限合伙企业应由 2 个以上 50 个以下的合伙人出资设立；②有限责任公司，根据《公司法》的规定，有限责任公司由 50 个以下的股东共同出资设立。

出资方式：①合伙企业，根据《合伙企业法》的规定，合伙人可以用货币、实物、知识产权、土地使用权或者其他财产权利出资，也可以用劳务出资，但是有限合伙企业中的有限合伙人不能以劳务出资；②有限责任公司，根据《公司法》的规定，其股东可以用货币出资，也可以用实物、知识产权、土地使用权等可以用货币估价并可以依法转让的非货币财产作价出资，法律、行政法规规定不得作为出资的财产除外。相对于有限责任公司股东而言，合伙企业的合伙人在出资方式上更为灵活，突出表现为普通合伙人可以用劳务出资。

（二）法律意义上的合伙人与管理意义上的合伙人

在谈合伙制的时候，首先要区分法律意义上的合伙人和管理意义上的合伙人。法律意义上的合伙人是以成立合伙企业的方式，在法律的约束下，在协议基础之上，共同投资、共同经营、分享利润、共担风险的法人或自然人。按照《合伙企业法》的规定，在合伙企业中，普通合伙人对合伙企业债务承担无限连带责任，有限合伙人仅承担有限责任。如果企业财产不能清偿企业债务，普通合伙人需要以个人财产对自己名下以及其他普通合伙人名下的企业债务负责，有限合伙人仅需赔付其认缴的出资额。

管理意义上的合伙人是合伙企业的所有人，也是经营者，比所雇用的职业经理人有更强的拥有感。这种拥有感不是法律上的“拥有”概念，主要是参与企业经营的权利，使经营者变“给老板打工”为“给自己打工”的心态投入工作[①]。

（三）普通合伙企业与有限合伙企业

普通合伙企业中，所有出资人都必须对合伙企业的债务承担无限连带责任，即合伙人全部为普通合伙人。投资人数为 2 人以上，即对投资人数没有上限规定。合伙人对执行合伙事务享有同等的权利。当然，根据合伙协议的约定或经全体合伙人决定，可委托 1 个或数个合伙人对外代表合伙企业，执行合伙事务。出资人不得在合伙协议中约定将全部利润分配给部分合伙人或由部分合伙人承担企业的全部亏损。普通合伙人不得自营或与他人合作经营与合伙企业相竞争的业务。普通合伙人不得同本企业进行交易，但合伙协议另有约定或经全体合伙人一致同意的除外。合伙人以其出资份额出质，须经全体合伙人一致同意，否则其出质行为无效。

而有限合伙企业中，一部分出资人对合伙企业的债务承担有限责任，另一部分出资人对合伙企业的债务承担无限责任（有限合伙企业只有 1

---

① 注册公司找上海卓优：史上最全的合伙人制度研究报告，https://www.sohu.com/a/221720809_100011127。

个普通合伙人时）或无限连带责任（有限合伙企业有 2 个以上 50 个以下合伙人时）。有限合伙人不得执行合伙企业中的事务。有限合伙企业根据合伙协议的约定可以将全部利润分配给部分合伙人，但不得约定企业全部亏损由部分合伙人承担。有限合伙人可自营或与他人合作经营与本企业相竞争的业务，合伙协议另有约定的除外。有限合伙人可以与合伙企业进行交易，当然，合伙协议约定不能进行交易的除外。有限合伙人可将出资份额出质，但合伙协议约定有限合伙人不能以其出资份额出质的除外。

VUCA 时代（易变性、不确定性、复杂性和模糊性的时代）已来临，如何在时代的浪潮中稳坐潮头？合伙制无疑是企业家的备选方案之一。前文已介绍了什么是合伙制。接下来，笔者将从合伙型组织、合伙人治理、合伙人激励等方面进行介绍，从责权利的角度，对合伙制进行深入的解读。

第二章

打造合伙型组织：
充分尊重人才，激发组织活力

毋庸置疑，个人的力量是有限的，只有融入团队之中，确立目标，各司其职，各展所长，方能产生最大的效能。当今，随着互联网经济的快速发展，平台型组织、分布式运营的优势不断凸显，合伙型组织因为其平台化、平等化、高效率、长期性、动态化的特点受到众多企业的青睐，逐步成为主流。

通常而言，组织活动的性质及根本方向是由战略决定的，同时受到内外部环境、技术、规模及生命周期的影响，组织反过来也作用于这些要素：第一，组织是战略传承的重要途径，组织结构会随着企业发展战略的变化而调整，以确保最终目标的实现；第二，稳定的组织结构有利于应对环境的复杂性，而灵活的机制设计有利于应对环境的变动性；第三，随着技术复杂程度的提高，企业组织结构的复杂性也相应提高，相反，组织的进步也有助于技术的提升；第四，组织在不同发展阶段及不同规模时的规范性、复杂性、集权化与人员结构比例等均不同。

一、合伙型组织的创立初衷

（一）何为组织创立的初衷

组织创立的初衷往往是决定一家企业能走多远的关键因素。不管是成立合伙型组织，还是单枪匹马创业，都是创业者对自己拥有或通过努力能够拥有的资源进行优化整合，从而创造出更大的经济或社会价值的过程。成立合伙型组织与单枪匹马创业最大的区别在于：合伙创业能够凝聚一批有共同愿景和价值观的人，大家怀有共同的初衷，有一致的事业方向，愿意共担风险、分担责任、共同决策，在大大削弱经营的盲目性和随意性的同时，实现能力、资金等的共享和优势互补。所有成功的组织都有明确的初衷，也深知其重要性，接下来就从三个方面探讨一下何为组织创立的初衷。

1. 组织的使命

组织的使命是组织存在的目的和理由，是否有明确的使命将影响一个合伙型组织的成败。确定组织的使命，就是要确定实现远景目标必须承担的责任或义务。著名领导力大师弗朗西斯·赫塞尔本认为，一个强有力的组织必须靠使命驱动。组织的使命不仅要表明企业是做什么的，更重要的是表明为什么要这样做。崇高、明确、富有感召力的使命不仅能为企业指明方向，还能使企业的成员明确工作的真正意义，激发出其更多的信心和工作热情。试想，“世界上最快乐的地方”的使命令多少迪士尼公司员工对顾客、企业、社会倾注更多的热情和心血。

使命的作用主要表现在以下八个方面。

（1）保持整个企业经营目的的统一性。

（2）为配置企业资源提供基础或标准。

（3）营造统一的企业氛围和环境。

（4）明确发展方向与核心业务。

（5）协调内外部的各种矛盾。

（6）树立以用户为导向的思想。

（7）表明企业的社会政策。

（8）为企业提供持续稳健向上的框架。

企业最高层次的文化理念主要是使命和愿景。越来越多的企业意识到了文化理念在企业发展、经营管理、文化建设中起不可缺少的导向、激励等积极作用，但企业使命和企业愿景混用的现象日益增多。因此，我们需要理解什么是愿景，它与使命的区别在哪里。

2. 组织的愿景

如果用“我们为什么存在，成立及运行的意义是什么”来描述组织的使命，那么组织的愿景就是组织未来的目标和方向，它回答的是“我们要到哪里去，将来希望发展成什么样子”等问题。组织愿景的作用主要体现在以下六个方面。

（1）提升企业的存在价值。

组织愿景的远期目标是不断提升组织的存在价值。企业的存在价值指向幸福，包括个人幸福、群体幸福，甚至全人类的幸福，在不断创造财富的过程中实现全人类的幸福，并要与自然环境和谐相处共生。

我们可以从三个层次来看待组织愿景：最高层的愿景指的是企业如何对社会产生意义；中层的愿景指的是企业的经营范围和发展目标；最低层的愿景指的是员工的行为规范与指南。

企业对整个人类社会做出的贡献和承担的责任是企业存在的价值，表达的是企业最高层的组织愿景；企业的经营范围和发展目标表明企业如何实现自身的价值，表达的是企业中层的组织愿景；企业员工如何恪守行为底线和道德准则是企业员工的行为规范与指南，表达的是企业最低层的组织愿景。

（2）协调利害关系者。

利害关系者指的是与组织利益相关的群体或个体。实践表明，企业与利害关系者相互影响。因此，组织愿景的制定需要通过匹配利害关系者的类型，了解他们的内心需求来进行。企业的高层管理人员需要对此有深刻的理解。当利害关系者在组织愿景中无法找到自己存在的意义，且未能获得尊重和理解时，他们就无法做到认可组织愿景，组织愿景就会形同虚设，起不到任何作用。比如，当环保理念与社会责任并未体现在化工企业的组织愿景中时，该企业就很有可能遭到员工、环保组织、当地政府乃至社会大众的抵制。

（3）整合个人愿景。

个人职业生涯规划对于知识型员工显得尤为重要，他们对个人愿景有着强烈的执念，包括实现自我价值、提升工作技能。如果能将知识型员工的个人愿景融入组织愿景中，他们就能感受到被看见、被尊重和被理解，他们的积极性和忠诚度也能得到提升。

（4）应对组织危机。

在动态竞争、复合博弈的工作条件下，组织会受到来自瞬息万变又复杂的环境的挑战。如果这些挑战不能得到妥善的处理，组织则可能顷刻间崩塌。

在员工中强化企业愿景是企业走出困境、迎接挑战的重要手段。未来不可测，远景不可期，明确企业愿景，做好远期规划，企业才能在危机到来的时候减少迷茫和无谓的消耗，才能沉着应对与化解这些危机和困难。危机应对方案的制定需要以企业愿景为起点，并遵循伦理道德，承担社会责任，才能使企业长存，得到社会的广泛认可。

（5）日积月累的努力。

组织经过日积月累的努力才走到今天，而组织愿景是组织的明天，需要通过有战略高度的计划和规划来实现。组织愿景代表的是企业有可能实现的梦想，是要与全体员工共享的梦想。愿景所到之处便是企业资源的流向之处。因为有愿景，企业向好发展，更加自信和从容；员工工作时更加坚定，目标更清晰，方向更明确。

如果企业没有设置愿景，企业的短期经营或许不会出现问题，但从长远来看，企业经营可能会在盲目中找不到方向，主营业务可能会停滞不前，各种因素相互干扰，可能导致企业员工无法专注地做有利于社会、有利于全人类的事业，企业本身也可能会出现问题，甚至走向瓦解。不管是当下的事业还是规划中的事业，都是以企业愿景为目标的。可以说，企业愿景赋予了企业活力。设置了愿景的企业更倾向于未雨绸缪，决胜千里，在激烈的市场竞争中占据先发优势，掌握主动权，成为所在行业的头部力量。相反，如果企业不设置愿景，企业经营很容易亦步亦趋，得不到长足的发展，甚至被时代淘汰。

（6）增强知识竞争力。

由组织知识、应变能力等组成的知识竞争力是组织竞争力的重要体现。组织愿景因此受到重视，因为组织愿景建立在知识管理体系的基础之上。

组织的生存发展需要组织在应对环境变化时发挥主观能动性。通常而言，企业的高度取决于战略的高度，如果战略具有张力和柔性，那么企业就能随机应变，灵活地应对各种问题。战略规划以企业愿景为依据，企业战略的正确性和有效实施源自科学的企业愿景。

3. 组织的价值观

相比过于宏观的组织使命和组织愿景，组织的价值观一定是具体的，是所有员工愿意接受，一致赞同且乐于践行的共同观念，是企业经营管理的内在依据。总之，组织的价值观是企业政策制定者对企业经营目标、运作方式等进行选择时的参考原则。组织价值观的重要作用可以概括为以下几点。

（1）企业生存和发展的精神支柱。

组织价值观是企业赖以生存和不断发展壮大的精神支柱。企业管理层和员工可以根据组织价值观进行决策和判断。确定了的组织价值观具有长期的稳定性，是所有企业员工的行为准则，为企业提供强大、持久的精神支撑力和动力。如果组织价值观和员工自身的价值观相契合，员工将会有强烈的归属感，愿意为企业的发展贡献力量。无论处于顺境中还是逆境中，企业员工在共有的组织价值观的驱动下，都会拥有迎接挑战、克服困难的精神支柱。

（2）决定企业的基本特性。

企业的基本特性由组织价值观决定。不论在何时何地，何种社会形态下，组织价值观都是对企业及企业成员非常重要的价值观，是一种本位价值观，决定了企业的特性。当其他价值观与本位价值观发生冲突时，本位价值观会被优先选择。

（3）对企业及员工行为起导向和规范作用。

组织价值观对企业及员工行为起导向和规范作用，但不是通过制度、规章等硬性管理手段实现的，而是通过群体氛围和共同意识引导来实现的。组织价值观是企业中占主导地位的管理意识，能够规范企业领导者及员工的行为，使企业员工很容易在具体问题上达成共识，进而大大节省企业的运营成本，提高企业的经营效率。

（4）产生凝聚力。

组织价值观具有强大的凝聚力，能激发出员工的工作热情和活力。当员工能热情、有活力地工作时，企业也就有了活力。

第一，当企业管理层以言传身教的方式树立和宣传统一的组织价值观时，员工自然能在潜移默化中将组织价值观内化为自身的一部分，并在工作实践中不断深化对组织价值观的理解。

第二，组织价值观需要不断渗透到企业经营管理的方方面面，才能"润物细无声"般地影响员工的行为。

第三，要在企业中有意识地塑造企业精神，传承企业文化、思想理念等。

综上所述，组织成立的初衷包含三要素，即使命、愿景和价值观，分别决定了企业存在的意义及目的、未来发展的目标及方向、经营管理的标尺与依据。接下来，我们从两个家喻户晓的企业案例——阿里巴巴、华为出发，具体分析这三要素对组织发展的作用。

（二）典型的合伙型组织案例

1. 阿里巴巴

2019 年，阿里巴巴集团公布了"新六脉神剑"，宣布全面升级企业使命、愿景和价值观，开启了以文化、制度、人才为驱动力的企业传承之路，具体内容如下。

（1）企业使命：让天下没有难做的生意。

（2）企业愿景：活 102 年，我们不追求大，不追求强，我们追求成为一家活 102 年的好公司；到 2036 年，服务 20 亿个消费者，创造 1 亿个就业机会，帮助 1000 万家中小企业盈利。

（3）企业价值观：客户第一，员工第二，股东第三；因为信任，所以简单；唯一不变的是变化；今天最好的表现是明天最低的要求；此时此刻，非我莫属；认真生活，快乐工作。

使命、愿景、价值观是阿里巴巴的基因，无论环境如何改变，阿里巴巴对使命的坚持不会变，对愿景的坚信不会变，对价值观的坚守不会变。升级后的使命、愿景和价值观体现了阿里巴巴鲜明的态度、对企业发展方向的本质思考，更是阿里人对于如何走向未来的共识。它们将帮助阿里巴巴凝聚同路人，进一步提升组织的创造力，保障组织的领导力升级，进而更好地拥抱数字经济时代的机遇与变革。过去，阿里巴巴因为价值观脱颖而出；未来，阿里巴巴也会因为坚持价值观而与众不同。

2. 华为

2017 年，任正非再定调华为愿景，以在各行各业的数字化、智能化进入快速发展阶段后，通过全球开放合作，依赖技术创新、科技突破，克服方方面面的新挑战，迈向进一步的繁荣。具体内容如下。

（1）企业愿景：华为致力于把数字世界带入每个人、每个家庭、每个组织，构建万物互联的智能世界：让无处不在的连接，成为人人平等的权利，成为智能世界的前提和基础；为世界提供最强算力，让云无处不在，让智能无所不及；所有的行业和组织，因强大的数字平台而变得敏捷、高效、生机勃勃；通过 AI（人工智能）重新定义体验，让消费者在家居、出行、办公、影音娱乐、运动健康等全场景获得极致的个性化体验。

（2）企业价值观：成就客户、艰苦奋斗、自我批判、开放进取、至诚守信、团队合作。

华为愿景的变更体现了华为顺应产业发展大势的敏锐洞察，又很好地匹配华为在看得见的未来持续增长的目标。新愿景也正好对应华为的组织架构，即“三大 BG + 两大 BU”①。

针对个人业务场景，为每个人提供今天和以后的公众网、智能终端。例如，华为拥有智能手机、平板电脑、笔记本、智能手表和手环等可穿戴设备及路由器、耳机、音箱、移动电源、体脂秤等丰富的产品。

针对家庭业务场景，为每个家庭提供今天和以后的家庭网络。华为助力全球运营商，一方面，立足现实，以品质家庭宽带、全场景站点、Mobile Money（移动支付）等创新解决方案，挖掘数十万亿美元现网资产的潜能；另一方面，面向未来，加速 5G（第五代移动通信技术）预商用测试，建设以数据中心为核心的全云化网络和数字化运营运维系统，为个人、家庭、企业用户提供视频、IoT（物联网）、云通信等有极致体验的业务，实现新增长。②

针对组织业务场景，为每个组织提供企业网络和各种云。华为企业业务正着力于加速全球企业数字化转型进程，不断强化云计算、企业园区、数据中心、物联网等创新产品和解决方案，并在智慧城市、平安城市以及金融、能源、交通、制造等行业广泛应用；通过领先的“端、管、云”全栈式 ICT（在线测试仪）解决方案，帮助客户进行 ICT 基础架构的顶层设计，同时基于“平台 + 生态”战略，与合作伙伴共同打造企业

---

① 三大 BG 即运营商 BG、企业 BG、消费者 BG，BG 即 Business Group，意为业务集团或事业群；两大 BU 即 Cloud & AIBU 和智能汽车解决方案 BU，BU 即 Business Unit，意为业务单元。

② 黄海峰：《华为晒 2017 年成绩单：四大业务稳步发展　销售收入约 6000 亿元》，https://www.sohu.com/a/213578223-610727。

数字化转型所需的生态链[①]。

华为的云BU，旨在携手合作伙伴，为客户提供稳定可靠、安全可信和可持续演进的云服务。

二、赋能小前台，全员皆老板

合伙型组织是在现有公司制的基础上导入合伙人的理念和管理机制，从组织形式上看，可以分为以下三类：科层化组织、平台型组织、裂变型组织。

（一）科层化组织

科层化组织是指多层次的等级制组织结构，它是在实现专业分工的基础上，使各岗位遵循层级体制，以法律和规章制度为工具，以非人性化为理念，维持一个理性的、有效率的组织的运作。

1. 主要特点

从科层化组织的定义中能够归纳出该模式的五大特点。

（1）从上到下层层分解责任和权力，强调从上到下目标统一。

（2）“硬控制”，也就是通过权力、规则控制组织。

（3）组织的动力和活力来自不对称激励，权力在上，责任、利益也在上。

（4）权力中心在组织的上部，且只有一个；驱动和连接组织的基本方式是权力；从运行方式看，纵向层层发布命令。

（5）纵向结构的最大优势在于广泛、深入的动员能力，可以构建大规模组织。

以下为某公司科层化组织架构（见图2－1）。

---

① 黄海峰：《华为2017年销售收入约为6000亿元，瞄准智能社会新机会点》，《通信世界》2018年第1期，第24页。

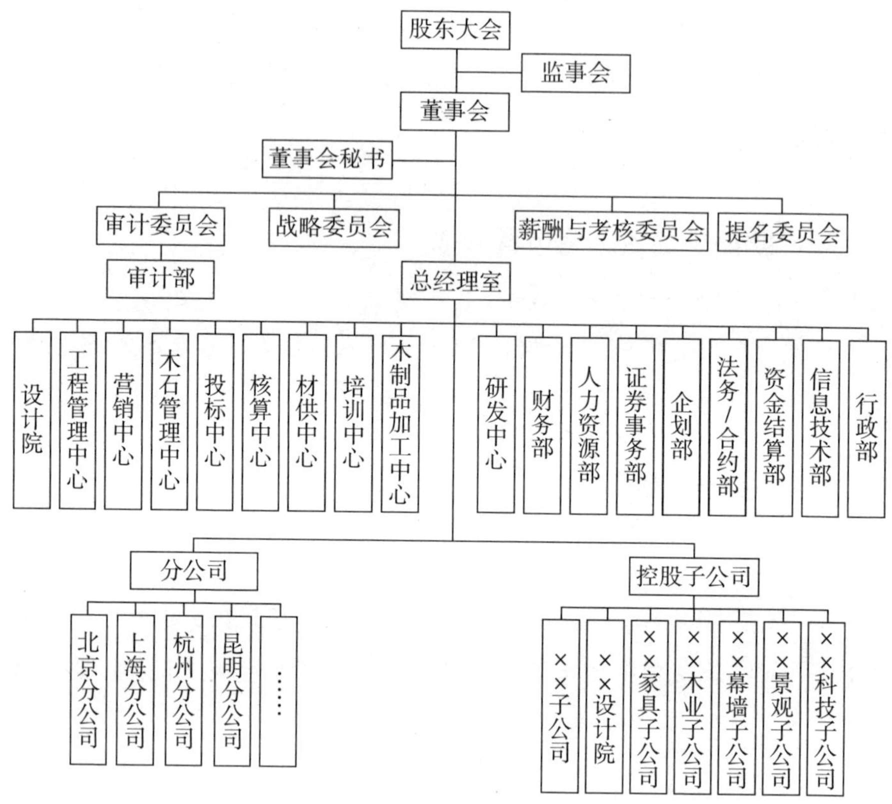

图 2－1　某公司科层化组织架构

2. 优劣势分析

科层化组织有一定优势，如员工知道组织对自己的期望，组织可以挑选最合适的人任某一职位，员工能分清谁在发布命令等。然而现如今，这些优势正在消失甚至成为阻碍：组织限制员工参与决策制定过程，抑制员工的积极性、创造性，用统一的标准来对待个性不同的员工等。严谨地讲，科层化组织已逐渐变得不适合大部分企业，尤其是新兴的企业，平台型组织成为大势所趋，值得企业重视。

（二）平台型组织

平台型组织是未来组织发展模式的大趋势，是指能够在新兴商业机遇和挑战中建立灵活的资源、惯例和结构组合的组织形式，是现代企业为了顺应市场、技术、人才的新趋势而形成的新型组织形态①，能够激发全员参与、全员创新。

1. 发展要素

平台型组织诞生与发展的要素包括市场、技术和人才三个方面。

（1）市场方面。首先，随着 VUCA 时代的到来，传统的、等级分明的制度难以应对复杂多变的经济形势，只有更灵活的组织形式，才能拥抱不确定的未来；其次，随着个性化、定制化消费的兴起，用户希望市场可以满足其一揽子多元化的需求；最后，共享经济、粉丝经济的盛行也改变了传统供给与需求的关系，进一步推进了平台型组织的发展。

（2）技术方面。一方面，移动互联网的快速崛起在给人们提供诸多便利的同时，也大大降低了交易成本，平台型经济离人们越来越近；另一方面，大数据、云计算、深度学习等新技术为实现以数据为驱动的商业模式的变革提供了可能。

（3）人才方面。除了市场和技术，人才方面的需求也在改变。如今，大部分人希望获得更大的自主权，特别是“90 后”“00 后”，渴望实现更大的自我价值；组织对待人才的方式也从原来的纯粹管理模式逐渐过渡至赋能模式。

2. 典型模式

“大中台＋小前台”模式是平台型组织的典型模式，其中，“小前台”由大量自主的事业群组成，它们拥有充分的自主权，也会对自己的业务自负盈亏。前台是一线“作战单位”，强调敏捷交互及稳定交付的组织能力建设（见图 2－2）。

“大中台”可拆分为“中台＋后台”模式。其中，“中台”可细分为业务中台与数据中台：业务中台主要用于能力固化与赋能，通常包括研

---

① 张小峰、吴婷婷、章扬：《数字时代国有企业组织升级与组织模式创新》，《中国人事科学》2020 年第 2 期，第 38 至 51 页。

发、供应链、营销及客户管理四大功能；数据中台专注于资产整合与共享，统一资产管理，盘活资产价值。“后台”支撑职能的共享化、服务化建设，为前台、中台提供专业的内部服务支撑。平台与事业群之间的关系是平等市场主体之间的关系，而不是公司管控模式下的总部和事业部或子公司的关系（见图2－3）。

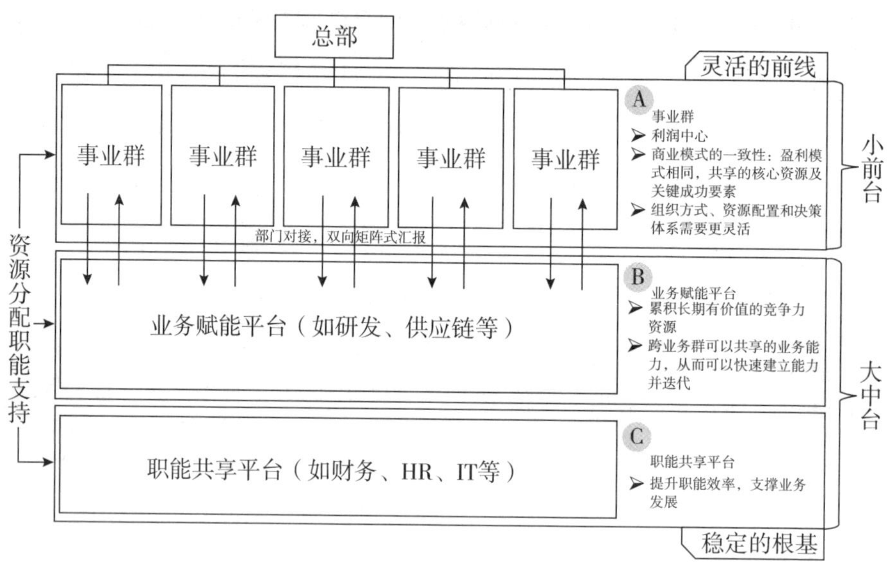

图2－2 “大中台＋小前台”模式

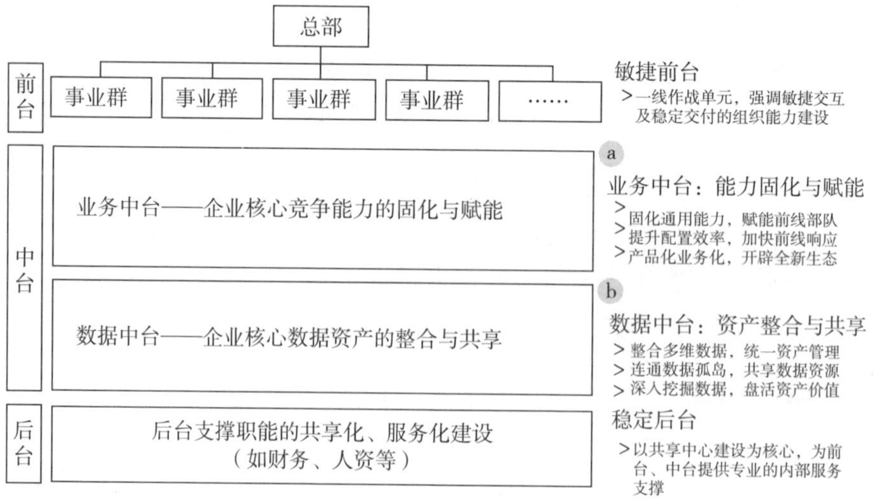

图2－3 “中台＋后台＋前台”模式

“大中台”的核心构件分为三个层面：上层为资源洼地，包括品牌资源、客户资源、渠道资源、供应链资源、研发设计资源、数据资源，特点为从平台上获得的资源单价要低于外部的资源单价；中层为共享机制，包括孵化机制、激励机制、风控机制、收购机制，特点为参与者在平台上的贡献，能够获得相对外部其他平台和内部金字塔更为合理的回报；底层为共同的价值观——自由、平等、开放，这种价值观是契约之外的共识，发挥“非正式治理”的作用。

3. 核心特征

平台型组织的核心特征主要有以下五点。

（1）强有力的支撑平台：职能模块化与标准化；资源、功能、机制共享；提供业务发展功能，如大数据分析、机器深度学习等。

（2）大量自主的小前台：有充足的自主权，对自己的业务自负盈亏。

（3）多元化生态体系：体系内的各组成单位相互影响、合作，进而产生创造更大价值的可能性。

（4）自下而上的创业精神：项目、产品、创意、创业都由小前台发起；领导层不再事无巨细地管理，而是给予其更多的授权。

（5）共同治理：人人都是老板，人人都会驱动组织发展。

4. 案例分析

平台型组织发展至今，已经有许多成功案例值得借鉴和探讨，这里列举三个典型案例与大家分享。

（1）阿里巴巴的平台型企业组织模式。

阿里巴巴在2015年全面启动了中台战略，构建符合DT（数据处理技术）时代的“大中台、小前台”的组织机制和业务机制，以促使前台的一线业务更敏捷，更能快速适应瞬息万变的市场，而中台将集合整个集团的运营数据能力、产品技术能力，对各前台业务形成强力支撑[①]。调

① 张小峰、吴婷婷、章扬：《数字时代国有企业组织升级与组织模式创新》，《中国人事科学》2020年第2期，第38至51页。

整之后的阿里巴巴组织架构由传统的树状结构变成网状结构，组织管理更加扁平化，组织运作更加高效化，业务开展更加灵活化，进而实现信息共享、资源共享、科技创新的目的（见图2-4）。

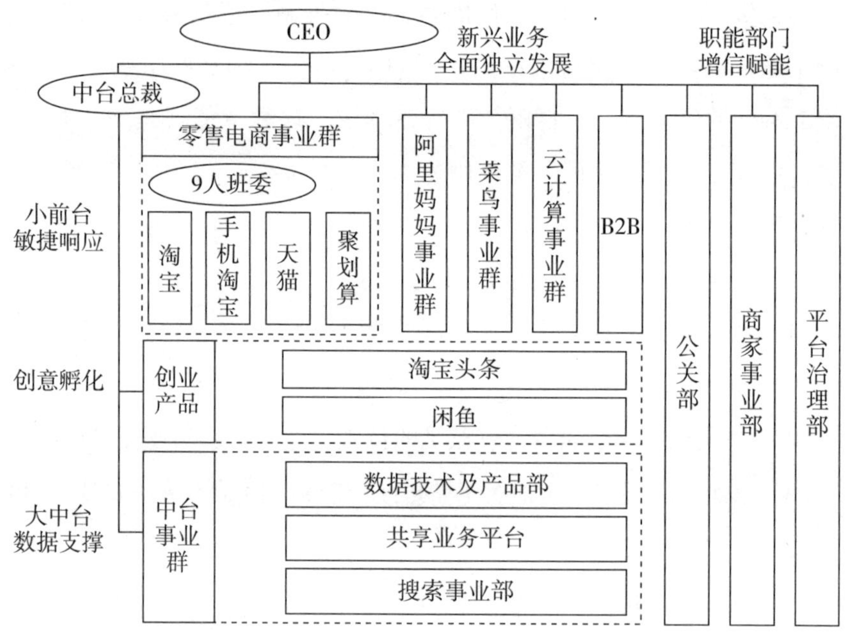

图2-4　阿里巴巴的组织架构（2015—2018年）

（2）海尔的“人人创客”模式。

海尔在“企业平台化、用户个性化、员工创客化”的战略指引下，通过一系列措施，最终实现了“人人创客”模式，具体如下。

其一，由原本的封闭组织转变为创业生态圈，建立共享平台和驱动平台。共享平台包括人力、法务等共享服务功能，以保证小微公司活而不乱；驱动平台帮助小微公司明确商业路径，为其创造可以发现和解决问题的“恒温生态环境”①。

其二，从以企业为核心转变为以用户为核心。海尔认为，用户现在不

① 孙中元、庄文静：《海尔“人人创客”怎样实现?》，《中外管理》2015年第12期，第35至37页。

一定购买它的产品，但会评价它的产品，用户的付款只是销售的开始，要让用户全流程参与产品的设计和迭代，将原来进行一次性交易的顾客，变为可交互的用户。海尔的平台化，就是搭建了一个创业机制和平台。海尔已分流了两万多人，成立了近200个小微生态圈，孵化出了几百个创业项目。

其三，从大规模制造转变为大规模定制。海尔建成的无人工厂成为全球首个智能互联工厂，用户可以根据自己的喜好选择冰箱的颜色、款式、性能、结构等，定制一台自己的冰箱。

其四，建立动态合伙人机制。所谓的“动态”是指只要有能力，就能在这个平台上创业和发展，共享价值。若不能在平台上创造价值，就很可能被取代。小微公司是海尔平台上独立运作的一个公司主体。小微公司在对外找投资的同时，还能得到海尔的共同投资。有了这两笔投资后，小微公司的总经理、员工或创客要来“跟投”，即通过股权将风投、海尔和员工绑定在一起，小微公司就实现了利益绑定[①]。

（3）韩都衣舍脱颖而出的诀窍。

韩都衣舍是一个韩风快时尚品牌，成立十多年创造了斐然的成绩，现已跻身中国互联网服饰第一梯队。仔细研究韩都衣舍的成功秘诀后可以发现，其特殊的小组制发挥了不可替代的作用。

韩都衣舍的产品小组即前台，每个小组一般包含2～3人，分别为设计师、页面制作专员和货品管理员，而这2～3人可以决定产品设计、产品生产、品牌运营等各方面工作的开展方式，他们仅需向公司管理层汇报成果和完成工作考核任务。

具体来看，产品小组主要有7个对接口，分别为：产品摄影、生产部门、质检部门、储运部门、客服部门、淘宝营销和客户。可以说，产品小组取代了传统意义上的公司管理层，成为独立的中枢，直接管理产

① 孙中元、庄文静：《海尔“人人创客”怎样实现?》，《中外管理》2015年第12期，第35至37页。

品、业务以及售后。这种较低成本快速试错的方式，帮助韩都衣舍迅速抢占了市场，实现了年上新品超过30000款，刷新了业界纪录。

任何一个平台型组织都会有大量的、敏捷的小前端，它们如同小微企业一样“船小好调头”。不同的是，小前端还拥有来自组织平台的支撑，组织平台在进行资源优化配置的同时，把握企业的整体战略方向。

韩都衣舍是典型的平台型组织，它的脱颖而出也体现了未来企业转为平台型组织是大趋势。

（三）裂变型组织

裂变型组织是指公司具备了一定的经营能力和实力及人才储备后，通过内部裂变的方式，产生新的创业团队，实现裂变式创业。

裂变式创业模式由芬尼克兹创始人宗毅首创，他通过在公司内部发起创业大赛选拔人才，先后创立了多家裂变企业，且均获得了成功。

裂变式创业的具体步骤为：①公司挑选项目举办创业大赛，以调动员工对创业的热情；②有兴趣参与竞赛的带头人组织团队汇报商业计划，促使关键职能人才组合；③员工用自己的钱作为选票，选出最佳团队及带头人，以避免员工不认真参与或因为人情关系而投票；④带头人及团队必须投资该项新事业，这样既可以锻炼“领头羊”，也可以保证他们用自己的钱干自己的事。

由此筛选并诞生的新公司，销售收入多的公司可以达到每年5000多万元，利润700多万元，而项目最初的投资可能仅为100多万元。这一模式具有创新性，且单从芬尼克兹公司来看效果极佳，但能否使大部分企业都适用该模式还有待验证。

三、公司制下的合伙制还是合伙制下的公司制

每一个时代都有其独特的组织典范。从亚当·斯密《国富论》中提

到的制针工厂，到福特汽车适应大规模生产的直线职能制组织，到通用汽车决策前移的事业部制改革，到 IBM、微软的项目型—矩阵式研发管理体系，再到华为和阿里巴巴“平台 + 小微”的自主作战小组制，不难看出，随着时代的变迁，组织在不断地发生变化，而随着互联网经济的发展，平台型组织、分布式运营的优势还将继续扩大。

未来，组织最重要的功能将是赋能，而不再是管理或激励。平台型企业组织具有大量的自主小前端、大规模的支撑平台、多元的生态体系和自下而上的创业精神四大重要特征，企业可以低成本试错，快速创新、快速扩大规模，实现业务迅速增长。同时，平台型组织的激励机制是一种“内部市场化”，采用分布式运营，其效果是让员工成为自己的 CEO。进一步看，这种机制还能开放地引入外部创客，让企业成为平台。再具体一些，主要有以下三点。

（1）职能并联。将所有的价值创造模块（包括人力、财务等）并联到一起，共同面对用户。其好处在于员工和老板共同承担经营风险。

（2）用户付薪。平台型组织中，用户付钱，参与创造价值的员工按照合同约定分钱。这实际上解决了内部薪酬定价带来的庞大的交易成本问题，由此，企业内部也可以实现市场化。

（3）动态优化。平台型组织会在一个项目中设置若干个对赌业绩点，根据对赌的情况决定人才的选择。这种模式会倒逼项目团队重新优化，整合自身资源，甚至开放引入外部人才和资源。

基于以上这些优势，越来越多的企业会选择打造平台型组织、分布式运营的战略。华为除了软件和线下触点是分布式，渠道部署同样遵循分布式，华为希望建立分布式运营的团队系统。截至 2020 年 4 月，华为的市级体验店已经有 1800 多家，县级体验店有 3000 多家，在乡镇层面也有 3000 多家。同时，依据不同的需求，华为还积极部署机场店、政企店、无人售货店，此外还将持续深耕线上渠道，与国内外知名的电商网站进行合作。

未来，越来越多的企业将打造平台型组织，而平台型组织需要合伙人，一个平台的活跃程度要由众多的合伙人来体现，平台的繁荣程度取决于合伙人的业务开展是否实现了多元化，合伙人的业务开展得越活跃，平台越繁荣，平台价值越大。其实，构建平台型组织管理模式就是在构建合伙制，平台化战略和合伙制设计是无法分割的。例如，属于传统行业的海尔的平台化战略中，海尔与创客（小微企业、自主经营体）本身就是平台与合伙人的关系；而在互联网公司中，阿里巴巴旗下的淘宝平台与商家也构成了平台与合伙人的关系。

因此，未来组织的发展将会有两个方向：一是在公司制下打造合伙制特点，二是在合伙制下打造公司制特点，由传统组织形式向合伙型组织转化，在强调人作为个体的作用和价值的同时，强调资源的合理配置与系统化作战能力。具体来说，合伙型组织具有以下特点。

（1）平台化：通过组织变革打造企业的“平台化”和“生态系统”模式，重新构造人才与组织的关系，二者共同承担责任。

（2）平等化：通过去中心化设计，构建开放平等的合伙人治理文化，重构人才与上司的关系，实现扁平化管理。

（3）高效率：基于产业生态和平台思维，将资本、技术、资源、管理等各价值创造方组织起来，形成“共识、共担、共创、共享”的分工协同机制和合伙模式。

（4）长期性：基于未来战略的重要性，通过长期捆绑激励机制（授予股权或分红权）重构人才与资本的关系，激发人才活力。

（5）动态化：通过合伙人动态管理机制（选拔机制、考核机制和退出机制）确保“创造者即分享者”原则得以遵循，充分尊重人才，激发组织活力。

第三章

合伙人治理：
用中国治理模式，实现共治共享

近年来，随着阿里巴巴、华为、小米等企业的快速崛起，合伙制也越来越为大众所熟知。相较于传统的公司治理模式，合伙制打破了等级制度，由创始人单一决策变为合伙人共同决策，大大降低了决策的风险性，也提高了管理团队的积极性。如果说企业创始人是引擎，那么合伙制就是刹车系统。一辆赛车能跑多远，由引擎和刹车系统决定；一个公司能跑多远，同样取决于合伙人中谁是引擎，合伙制中有没有有效的刹车系统。

在国家治理层面，我国的国家治理体系主要指党领导人民治理国家的制度体系，在企业中表现为党委领导和公司治理相结合的治理模式。借鉴以上模式，合伙制企业的治理模式应表现为公司治理和合伙人治理相结合的治理模式。

合伙制并不是对公司正常治理机制和管理机制的取代，因为合伙人本身并不具有对公司直接运营的管理权。在有些企业的合伙制中，合伙人享有关键人事决策的提名权，但正常的人事任免程序仍须按照公司的治理机制和管理机制进行。

一、集体决策，防止创始人用力过猛

（一）传统公司治理的弊端

我国大多数民营企业中，股权基本上由创始人或者其家族持有。随着企业规模的扩大以及市场经济的发展，这种“个人集权”或“家族集权”制度带来的一系列问题严重制约了民营企业的进一步发展。传统公司治理的弊端如下。

1. 缺乏科学的决策机制

民营企业中过于集中的股权导致所有权与经营权合一，决策基本由大股东做出，带有强烈的个人色彩，缺乏来自外部的有力监督和制约。这种情况下做出的决策缺乏科学性和准确性，不仅可能损害中小股东和员工的利益，而且可能会对企业造成难以挽回的损失。①

2. 缺乏有力的监督机制

我国的公司治理模式兼采英国、美国、德国、日本等国公司治理模式的优点，包含内部治理和外部治理，有的公司设置了监事会，有的公司设置了独立董事……看似治理架构完整，但实际上难以形成真正的监督和制约。②

我国很多民营企业模仿的是德国、日本模式的监事会制度，监事会中监事候选人的筛选条件和数量等规定不够科学、严密，很多都是由企业大股东直接任命。这些监事大多是受其制约的下属或利益相关者，往往导致监事会“不监事”的现象发生，易产生大股东侵犯中小股东权益、董事侵犯企业利益的问题，严重的甚至导致犯罪的发生，影响企业的正常运作及生产，损害企业信誉。③

英国、美国模式的独立董事制度被应用到我国民营企业中后也存在许多问题。一方面，民营企业聘请的独立董事多是专家学者，他们拥有丰富的理论知识，但是公司治理实践较少，容易纸上谈兵。另一方面，独立董事的权力基本是大股东赋予的，独立董事本质上丧失了独立性和客观性④。

---

① 胡志强：《我国民营企业公司治理存在问题及意见》，《企业导报》2013 年第 5 期，第 85 至 86 页。

② 同①。

③ 同①。

④ 同①。

3. 缺乏有效的激励机制

民营企业中大股东往往拥有绝对的话语权，职业经理人不具有与资本公平对话的地位与权力，在企业的日常经营管理中受到诸多掣肘，难以做出独立的、合理的决策。虽然少数民营企业为职业经理人提供了丰厚的物质激励，但是随着人本意识的崛起，越来越多的人才更加注重精神层面的激励和未来长远的发展，大股东的防范心态会导致职业经理人对企业缺乏认同感和归属感，进而导致双方产生利益上的分歧，影响企业的正常经营活动。

4. 高昂的委托代理成本

委托代理理论是现代企业理论的重要组成部分，当企业所有权和经营权相分离时，委托代理问题就随之产生。现在的股份公司中，股东数量庞大且分散，难以对企业进行直接的管理和支配，企业的所有权和经营权相分离，所有者（股东）必须把企业委托给经理经营，经理就是所有者（股东）的代理人，拥有经营决策权。由于所有权和经营权的分离，委托人与代理人的目标不一致、信息不对称，经理常常追求个人利益的最大化，而非股东利益的最大化，尽管有一定的激励机制和约束机制，但企业仍然会产生较高的委托代理成本。

5. 企业内部人控制风险

理论认为，内部人控制是指在现代企业中的所有权与经营权（控制权）相分离的前提下形成的，所有者与经营者利益的不一致导致的经营者控制公司即内部人控制的现象。实务中，大量的内部人控制是大股东代表作为董事长，既控制董事会，又掌管企业的日常大小事务，大股东代表的亲属，比如妻子、儿女、兄弟姐妹等，掌握关键业务、关键岗位。内部人控制带来的主要问题包括：企业资产流失、资产转移；过度投资、耗用资产；工资、奖金等增长过快，侵占利润；会计信息失真、信息披露不规范等。在新的环境下，内部人控制现象带来了更多的风险，例如关键岗位都是大股东的人，导致难以引入与留下优秀人才；部分岗位出现员工无法胜任的现象，甚至部分岗位出现个人利益大于企业利益的情形；股东利益被放在一边，出现严重的内部人利益输送现象。

6. 大股东“隧道挖掘”行为

一般认为，大股东“隧道挖掘”行为是大股东为谋求私人利益而利用其拥有的控制权做出的损害上市公司和中小股东利益的决策和行为。虽然我国的投资者利益保护制度日趋完善，但是对上市公司大股东的“隧道挖掘”行为并没有产生真正的遏制作用。随着经济环境和经济条件越来越复杂，这一行为也变得越来越隐蔽①。

通常而言，大股东会转移低现金流权②的公司的财富和资源到高现金流权的公司，以攫取公司的财富，并占为己有。但如果大股东将高现金流权的公司的财富和资源转移到低现金流权的公司，其财富规模会遭受重创。因此，大股东攫取财富的行为，即大股东“隧道挖掘”行为是单向的，而且手段隐蔽而多样，如债务担保、盈余管理、关联交易、股利政策、定向增发等。

由于我国企业内部治理制度的不完善以及外部控制机制的缺失，大股东采用并购重组的方式进行“隧道挖掘”的现象越来越普遍。一般而言，上市公司会选择优质的或符合长远战略发展要求的企业作为并购对象，而经营业绩差且发展潜力小的公司被并购是一种反常现象，若上市公司以劣质企业为并购目标或实施跨行业并购，则大股东并购的主要动力很可能是“隧道挖掘”，并且存在被并购公司利用上市公司来进行恶意贷款担保、资产置换的可能性。大股东还可以利用关联方交易往来，把资金从低现金流权的公司转移到高现金流权的公司中。随着大股东“隧道挖掘”行为的不断深化，上市公司的经营业绩在经过短期提升后持续恶化，表现为并购后上市公司利润增长的主要来源是与关联方的交易或

---

① 彭丽杰：《大股东“隧道挖掘”行为及其治理》，《内蒙古煤炭经济》2020 年第 2 期，第 46、48 页。

② 现金流权指按持股比例拥有该公司的财产分红权。

往来，利润增加的主要组成部分是投资收益增加、与关联方有关的主营业务利润增加①。

（二）合伙人治理

针对传统公司治理的诸多弊端，一些企业不断地创新组织制度，形成了合伙人治理制度，并在实践中取得了巨大成功，帮助民营企业建立健全科学、民主的决策机制，切实、有力的监督机制，以及完善、有效的激励机制。

合伙人治理的本质是票决制，即一人一票，与股份和人员级别无关，主要体现在决策上，而不是利益上，通过集体决策的机制防止创始人动力过足，“刹车”失灵。

例如，阿里巴巴合伙人模式是创始人及高级管理层自行创立的一种独特的企业治理模式，可以有效平衡大股东和经营层的责权问题，维护创始人的核心利益，有效防止企业被恶意收购，保证股东决策和企业长远战略的匹配等。其主要内容包括三个方面，即阿里巴巴股东合作模式、阿里巴巴合伙人的入选和退出机制、阿里巴巴经营模式。

1. 阿里巴巴股东合作模式

阿里巴巴合伙人团队通过与大股东签订的战略合作协议，牢牢地掌握着企业的核心控制权，并始终参与阿里巴巴的运营管理和决策。这样做既能提升企业的运营效率，又能提升阿里巴巴合伙人团队的凝聚力，最重要的是可以根据合伙人对企业的贡献大小设立奖金池。对于大股东而言，虽然没有掌握企业的核心控制权，仅在一定程度和范围内对企业的具体运营提出参考意见和建议，但是可以根据股份额度获取股息、股利等收益。

2. 阿里巴巴合伙人的入选和退出机制

阿里巴巴合伙人模式对选拔合伙人和合伙人退出做出了一系列的规

① 彭丽杰：《大股东“隧道挖掘”行为及其治理》，《内蒙古煤炭经济》2020 年第 2 期，第 46、48 页。

定，如关于遴选条件和方式、多样化的退出方式等。其能够按照企业自身实际发展需求，相应地调整合伙人的人数和职责，对于发挥合伙人的积极作用和维持合伙人的活力具有重要意义。

3. 阿里巴巴经营模式

合伙人委员会作为阿里巴巴合伙人模式的核心和主要实现部门，通过对合伙人的管理监督实现了合伙人团队的有序发展。合伙人委员会对合伙人履行职责和获取收益的情况进行管理和监督，不断地实现合伙人的更新和壮大，并极大地促进企业的发展。此外，阿里巴巴还设立了一些条款，以确保其合伙人模式的稳定性和持久性。如在公司章程中对合伙人相关的条款进行修改，必须要通过股东大会 95% 的股东表决同意。然而，从合伙人团队目前的持股比例来看，已经超过了 5%，这一条款使阿里巴巴合伙人模式在很长一段时间内得以存续[①]。

（三）公司治理与合伙人治理的关系

有人认为合伙制已经替代公司制了。其实，合伙制是企业组织制度的创新，公司治理与合伙人治理是相辅相成、无法互相取代的。

传统意义上的合伙制企业即法律意义上的合伙制企业，是与个人业主制企业和公司制企业并行的一种企业组织形式，是企业发展史上在公司制企业产生之前就已经大量存在的一种企业组织形式。合伙制企业因投资者责任具有无限性，而导致规模扩张存在局限性，随着企业规模扩张需求的不断加大，合伙制企业便自然被有限责任的公司制企业替代。在有限责任制度下，融资变得便利，规模扩张变得迅速，由此公司制企业成为全球主流的企业组织形式。

近些年较“火”的合伙制并非上述法律意义上的合伙制，因为它与

---

① 郑毛毛：《“阿里巴巴合伙人模式”对我国合伙制度创新的启示》，硕士学位论文，广东外语外贸大学，2018。

其他公司制企业一样，是按《公司法》注册成立的，《公司法》是其存在和发展的基本法律依据。可以说，这种合伙制是公司制企业内部的组织形式变革，它几乎保留了公司制企业的全部属性。

所以说，合伙人机制丰富、完善了公司治理机制和管理机制；而公司治理机制和管理机制会受到合伙人机制的影响。越来越多的公司严格限定了合伙人会议的内容和形式。合伙人为了共同的理想，在共同的价值观下做出决策。

合伙人治理与公司治理的关系非常密切。例如，合伙人治理机构的一些决议通过公司治理机构来实施；合伙人治理机制塑造出的文化价值观会直接影响公司治理。

合伙人治理的本质在于激励，是对创始人以及做出突出贡献的管理人员和员工给予治理的权利，包括达成共识、责任共担、创新欲望、共同治理、收益共享。

1. 达成共识

北京大学国家发展研究院 BiMBA 商学院院长陈春花曾提出，“应当在‘遵守契约、敬畏责任、尊重贡献’的共识下解决股权之争”。然而，对创业合伙或者进行事业合伙的革新企业来说，合伙人之间非常有必要就“遵守契约、敬畏责任、尊重贡献”达成共识，并能够身体力行。

遵守契约是成为一个合适的合伙人的前提。合伙人间应该立字为证，达成遵守契约的共识。实践中，很多创业合伙人由于相互为同学、同事或朋友的关系，往往只口头约定便开始共同创业，后面产生了利益纠葛，导致相互间闹得不愉快，一拍而散，创业失败。这样的案例比比皆是。

一个不敬畏责任的人，只会拖垮团队；而勇于担当的人，往往容易成大事。合伙创业是开弓没有回头箭、不能轻言放弃的团队行为，敬畏责任不仅是对自己负责，也是对团队负责。

天下熙熙皆为利来，天下攘攘皆为利往。只有尊重贡献，才能兼顾利益平衡，才能激励每一位合伙人发挥最大的潜能，为团队发展壮大贡献更多的力量。

因此，任何时候都应当把“遵守契约、敬畏责任、尊重贡献”作为选择合伙人的第一道门槛。组建一个团队需要多方面的人才，选择正确的合伙人尤其重要。对很多人来讲，寻找合伙人更相信机缘，重要的是能够找到有共识、经历相似、具有正能量的人。

2. 责任共担

责任共担，即共同承担责任。与法律意义上的合伙制企业中普通合伙人承担无限责任或有限合伙人承担有限责任不同，治理合伙人的行为是基于公司制企业框架的。因此，他们承担的责任更多的是决策失误或失职的风险责任。

公司治理的基本理念是权利和责任必须对等，享有权利就必须承担对应的责任。有权但无责或者少责，会导致权力膨胀，权力大的人颐指气使，习惯于把自己的意志强加于他人；有责但无权或者少权，会导致动力不足，推诿卸责，容易错失市场机会。两种情况的最终结果，都是无法适应市场，降低企业竞争力，影响企业发展。

合伙人治理赋予了合伙人参与治理决策和分享收益的权利，也必然匹配对应的责任。但鲜少有企业对外公开其合伙人在决策如果出现失误或有失职情况时如何明确个人责任。董事会成员的股票分红或增值收益的标准一般是确定的，但责任如何与决策权和收益权匹配，发生决策失误或有失职情况时如何明晰个人责任，则是一个难题。一般情况下，某个合伙人决策单元的决策是集体决策，发生决策失误似乎是集体责任，但集体责任往往意味着平均责任，从而人为减轻了真正失职的合伙人的责任，加重了尽职合伙人的责任。前者得不到应有的处罚，后者得不到应有的免责，久而久之，所有合伙人可能都会不愿尽职，因为越尽职风险可能会越大。

因此，我们建议，不妨尝试在每个合伙人决策单元推行决策责任备忘录制度。这种制度不是简单地记录决策会议的流程，包括主持、讨论、投票和结果等，尽管这些都很重要，但关键点不在会议中，而在会议前。也就是说，在一项决策议案上会前，本决策单元的每个合伙人的调研、沟通、信息获取、可行性报告等都要纳入备忘录，每个合伙人都在备忘录上签字，一旦签字，便对自己的决策行为负有法律责任。假如某项决策事后被证明失误，则可以根据备忘录，明晰每个合伙人的责任以及责任大小，也可以根据决策前的尽职行为，决定是否免除某些合伙人的责任以及免责程度。这样就可以避免会议决策时的滥竽充数，促使每个合伙人不再满足于会议决策，而是关注会议前的调研和论证，最大限度地保证决策的科学性和可行性。

3. 创新欲望

合伙人可以分为两类：一是创业合伙人，即共同创立企业的合伙人；二是升迁合伙人，即根据业绩升迁到合伙人队伍的合伙人，这是对企业发展做出突出贡献的部分管理人员甚至员工的一种激励。随着企业发展，创业合伙人会逐渐减少，一般有两种原因：一是因与其他合伙人意见不合而离职并转移股份；二是因健康或个人能力原因而离职但保留股份，成为纯粹的“食利者”。相反，升迁合伙人则可能会随着企业发展而逐渐增加。人才是企业发展的核心，需要调动和施展他们的智慧和能力，这就需要给予其足够力度的激励，这种激励绝不仅仅是物质上的，更重要的是精神上的，前者是获取收益，后者就是参与治理决策。一般而言，升迁合伙人不是固定不变的，有的可能因离职而退出，有的可能因能力下降而退出。

企业发展需要创新，创新单靠个别人或少数人的意志是不可持续的，需要有能更好地发掘人才的智慧和能力的平台。一个人在有创新能力的情况下，有无创新欲望是将其潜在能力转换为现实能力的关键所在。很多企业，尤其是较大规模的企业卧虎藏龙，很多员工不缺创新能力，缺的是创新欲望。为什么缺少创新欲望？因为企业制度、环境对人有太多的禁锢，因此，合伙制所创造的是一个使个人有创新欲望的平台。

4. 共同治理

公司治理的关键职能是进行战略决策，战略决策所遵循的基本原则是契约治理。在现代公司治理中，以 CEO 为首的管理班子拟定战略规划后提交董事会，董事会负责战略决策的论证和批准。董事会批准战略决策前的论证很关键，需要通过调研获得足够的信息，甚至要提供可行性报告，有些发达国家的公司董事会通过备忘录强化每个董事的责任，保证他们尽心履职。

合伙人治理对现代公司的董事会战略决策机制进行了延伸，即分解为若干相对独立的决策单元，像万科的核心合伙人、骨干合伙人、普通合伙人，尽管他们的职级不同，但形成了一种高度扁平化的适用于不同业务的决策单元。这与公司治理不同，因为公司治理层面没有职级，只有召集人和不同权利人的契约关系。但在每个决策单元，其中的合伙人都是决策参与者，尽管决策单元可能存在职级高低，但已经接近公司治理中的权利人理念。这无疑是一种进步，有利于发挥每个合伙人的能动性，而不至于因严格的等级关系而压抑合伙人参与决策的动力。需要注意的是，在决策单元内，职级观念越淡化越有利于保证决策的科学性。

合伙人参与决策还有一个依据，即他们拥有公司的股份。他们持有的股份基本上是限制性股票，但限制的权力不同。如阿里巴巴合伙人持有的股票有限售要求，但保证合伙人决策权和收益权，尤其是决策权远大于其他股东，具有提名大部分董事的权力。而华为的事业合伙人持有的股份为虚拟股票，只享有收益权，没有投票权或决策权。不过要注意的是，对于上市公司来说，给予持股的合伙人决策权可能会有内幕交易等方面的风险；对于非上市公司来说，给予持股的事业合伙人在各自决策单元内的决策权其实并不会产生太大的风险。

5. 收益共享

共享公司收益属于物质激励或收益权范畴，不像享有决策权那样属于精神激励范畴。合伙人治理的“共享”已经不是传统意义上的增加工资和派发奖金，而是合伙人作为公司所有者享有剩余分配权。当然，不是所有公司的所有合伙人都享有这种权利。

很多公司的合伙人是持有股份的，公司甚至把持有股份作为合伙人的一个要件，如阿里巴巴。但也有公司的部分合伙人只分享利润，并不持有股份，如万科的JP（最低层次合伙人，属于员工层次）。

从与公司的关系程度看，与不持有股份的合伙人相比，持有股份的合伙人在收益分享机制中有更多的收获，这也是为什么绝大部分公司的合伙人持有股份的重要原因。

但是，因持有股份而产生的合伙人对公司的忠诚和努力能够达到什么程度，不能一概而论，这需要具体分析合伙人所持股份的性质。

阿里巴巴合伙人的人数不多，尽管没有规定上限，但相对于公司规模的扩张，合伙人人数并未相应地增加，而且其人员范围基本限制在公司高层管理人员内。这些合伙人拥有的公司股份的比例不高，但由于公司股份的“盘子”很大，拥有股份的绝对量很高，因此股权收益是巨大的。其实，阿里巴巴合伙人尤其看重的是对决策权的把控，通过持股共享收益只是把控决策权的前提条件。

华为的事业合伙人人数众多，根据职级和贡献的不同持有不同比例的股份。他们持有的股份是虚拟股票，由于没有投票权和决策权，共享收益就成为华为事业合伙人最看重之处。在华为事业合伙人共享公司收益的制度变迁中，固定分红曾经是主要的共享方式，之后出于提高激励力度的考虑，变为对公司净资产增值的共享，这无疑使得事业合伙人更加努力地工作。

万科合伙人的收益共享差不多介于阿里巴巴和华为之间。万科的合伙人分三个层次，最高层次和中间层次的合伙人享有股权，而最低层次的合伙人不享有股权，只是通过财务的独立核算享有利润分配权。但三个层次的合伙人均要缴纳不同比例的保证金，层级越高，缴纳的保证金越高。这与华为等公司合伙人都获得股份有所不同，通过这种方式，各层次的合伙人的工作动力得到了提升。尽管最低层次的合伙人不享有股权，收益共享程度不如最高层次和中间层次合伙人，但他们可以通过努力升级为高一层次的合伙人。

二、凝聚合伙人力量

合伙人会议是由全体合伙人组成，并在各职责范围内研究、决策企业重大事项和紧急事项，确定合伙人相关规则而召开的会议，包括年度合伙人会议及临时合伙人会议。

（一）合伙人会议制度

为确保合伙人会议流程的规范性、科学性、公平性，提升合伙人会议的效率，需要制定合伙人会议制度。

1. 合伙人会议职权

合伙人会议中，合伙型组织依法依规行使职权，包括但不限于以下事项。

（1）选举合伙人委员会成员。

（2）审议决定合伙人的加入与退出。

（3）审议决定合伙人的合伙人精神与价值观的考核结果。

（4）讨论与全体员工相关的规章制度与福利政策，向董事会提出建设性意见。

（5）讨论企业管理机构的设置，并向董事会提出建设性意见。

（6）讨论企业重大经营管理事项，并向经理层提出建设性意见。

（7）审议批准企业的合伙人制度。

（8）其他事项。

2. 合伙人会议的召集

合伙人会议的召集涉及合伙人会议的时间、地点，通知各合伙人的方式以及费用承担等。年度合伙人会议每年召开 1 次，应当于上一会计年度结束后的 6 个月内举行。临时合伙人会议则根据各企业的不同要求确定。

3. 合伙人会议的提案和通知

提案内容应当在合伙人会议的职权范围内，有明确议题和具体决议事项；通知应当包括会议时间、地点、会议期限、会议审议的事项和提案、会议常设联系人姓名和联系方式等内容。

4. 合伙人会议的表决和决议

合伙人会议决议一般实行合伙人一人一票制，即每个合伙人均享有表决权。合伙人表决和决议的规则保护了合伙人的合法权益，也限制了单一或少数合伙人动摇企业根基的潜在风险的产生。而具体什么样的提案需要经过半数合伙人通过，什么事项需要经全体合伙人通过才可生效，各企业的情况并不一致，制定适合本企业的制度才是正确之举。如阿里巴巴对新合伙人的加入审查比较严格，要求新合伙人加入时需要得到不低于 75% 的现有合伙人的同意。

（二）合伙人会议的有效召开

开会一般包含三件事情，即汇报、讨论和表决。

开会看似简单，但存在许多问题。比如，有的企业几年不开股东会或合伙人会议；有的企业的股东或合伙人丝毫没有参加会议的动力；有的企业一开会就闹得不可开交；有的企业开会时间长，但最后一个决定也没有做出来；有的企业把开会当成年度聚会，只是吃喝玩乐；有的企业开会没有规划，随意讨论，随意延伸议题；有的企业开会时，有人因故缺席，其他人就随意代替其在决议上签字；有的企业连续多年不开会。

为了避免以上这些情况的发生，我们需要关注以下三个方面。

1. 合伙人会议是“双向”会议

合伙人会议是进行共同决策的会议，原则上应当是一种“双向”的会议，所有的重大决定应当是共同表决而产生的。

合伙人会议不能由会议的一方主导和控制，仅将自己的意志告知、通知会议的其他参与者，而不是大家共同讨论决定相关的议案。

开会不是简单地把人召集起来，开会是需要学习的一门学问①。股东会议或合伙人会议与企业中层会议的性质全然不同。企业中层会议是一种上下级之间的会议，以企业管理层为主导，而股东会议或合伙人会议则没有这种上下级的区分。所以，合伙人会议的召开，要避免这种上级向下级传达命令和指示的模式。

2. 合伙人会议理念和思维

开会对合伙制的执行起着至关重要的作用，合伙人之间就是通过不同形式的会议来达成共识的。可以说，开会是合伙人之间合作交流的一种方式，是较为重要的。假如合伙人之间的交流存在障碍和问题，没有有效的交流和配合，那么企业就失去了合伙的意义。

那么如何才能真正有效地开会？这需要有效的会议制度来规范合伙人会议的具体流程。而制定合伙人会议制度的前提是有合理、科学且符合自身情况的合伙人会议理念和思维。

合伙人对会议的理解和认识是制定合伙人会议制度的基础。如果仅仅把合伙人会议理解为将合伙人聚集在一起，开会商议决定或决策，合伙人会议制度就很可能只是一场“会务安排”。合伙人会议制度的内涵远比会务安排要丰富得多。科学合理的合伙人会议制度可以真正凝聚合伙人的力量，并使其在合作中增强信任感；相反，不科学、不合理的合伙人会议制度会造成人心涣散。

3. 合伙人会议要少大会、多小会

长时间的合伙人会议一般意味着会议提及的是极其重要的事项，如企业的发展方向及计划的确定、对外投资计划的确定、合伙协议的修改

① 李立、林俊：《合伙》，中国财富出版社，2018。

补充、新合伙人的加入、退伙、收购、融资、上市等。如果有些事项能在企业日常的经营管理工作中进行商议，就没必要在合伙人会议上花长时间讨论。长时间的会议往往是会议制度不健全造成的，如对于发言次序没有制度安排，发言时间、次数等都没有事先的约定。

如果会议前的准备工作不充分，合伙人会议的时间也有可能被延长。此处的准备工作包括将会议议程以及相关的背景资料提供给所有合伙人，并提前进行一些必要的沟通工作，提升合伙人会议的效率。

何为开小会呢？小会指的是合伙人之间就某项具体的内容进行沟通与讨论，以快速地得出结论，做出决策。小会通常应当控制在半小时之内。而当合伙人人数少于 3 人时，时间可以更短些。

大会和小会的开会频率怎么确定？通常的经验是一年开两次大会，随时开小会。

三、合伙人委员会

合伙人委员会由全体合伙人选举产生，一般为 3 人或 5 人，当合伙人数量较少时可以不设置合伙人委员会。

（一）合伙人委员会的产生

（1）产生方式：合伙人委员会由合伙人会议选举产生，一般需要 2/3 以上的合伙人同意方可通过。

（2）人员结构：合伙人委员会成员按照一定比例从高层、中层、基层选出。

（3）任期：合伙人委员会成员任期一般为 3 ~ 5 年，可以连选连任。

（4）撤换：合伙人委员会成员在任期内若不能胜任，或存在损害公司利益的行为，经合伙人委员会提议，得到 2/3 以上的合伙人表决通过即可进行撤换。

（二）合伙人委员会的职能

合伙人委员会的职能一般包括以下六点。

（1）执行合伙人会议的决议。

（2）对合伙人的合伙人精神与价值观进行评议考核，并提交合伙人会议进行审核批准。

（3）组织合伙人民主生活会。

（4）针对合伙人会议讨论的关于公司规章制度、组织机构、重大经营事项等相关议题的意见进行归集、整理，并提交董事会或经理层。

（5）修订合伙人制度，并提交合伙人会议审议批准。

（6）审议批准合伙人委员会制度。

以阿里巴巴为例，其合伙人一共有近 40 位。合伙人委员会有 5 位成员，任期为 3 年，可连选连任。其中，马云和蔡崇信是阿里巴巴的永久合伙人。阿里巴巴合伙人任职资格的评价标准并不复杂：在阿里巴巴或密切相关的公司工作 5 年以上，拥有一定的阿里巴巴股份以及“高度认同公司文化”等一系列难以衡量的主观标准。从其中的硬性标准可发现，能够成为合伙人的基本上是通过股权激励制度获得了阿里巴巴股权的公司高管，确保了“外人”不能轻易进入阿里巴巴的这一核心机构。2020 年 4 月，作为阿里巴巴合伙人之一的蒋凡因个人家庭问题处理不当，引发了严重的舆论危机，即日被取消了合伙人身份。这一决策由阿里巴巴管理层提议，后经合伙人委员会批准通过，可见合伙人委员会的重要性。

四、合伙人民主生活会

民主生活会是合伙人的沟通平台，能够打破部门之间、上下级之间的隔阂，开展内部的批评与自我批评，促使合伙人互帮互助、共同成长，同时对出现的团队合作问题防微杜渐，及时止损，打造一支思想统一、作风过硬的合伙人团队。

（一）会议时间

每半年或一年举办一次，由合伙人委员会发布会议通知，一般到会人数须达到应到会人数的 2/3 以上。

（二）会议形式

可以按照层级分组（高层人员一组、中层人员一组、基层人员一组），也可以随机分组，大家畅所欲言。

（三）会议流程

（1）通报上一次民主生活会整改措施落实情况和本次民主生活会征求意见情况。

（2）主要负责人代表管理团队进行对照检查，进行批评与自我批评。

（3）管理团队成员逐一进行对照检查，做自我批评，其他成员对其提出意见和建议。

（4）主要负责人总结会议情况，提出整改工作要求。

（5）因故缺席的人员应当提交书面发言材料。会后，将会议情况和批评意见转告缺席人①。

具体的会议流程根据企业实际情况存在一些差别。例如，曾获“全国优秀律师事务所”荣誉称号的炜衡律师事务所已经坚持了 20 余年的高级合伙人“批评与自我批评”民主生活会。其民主生活会议程主要包括以下 4 个步骤。

（1）对律师事务所近 3 年内的主要事件、发展概况及相关事项做详细说明。

---

① 聂志红：《怎样搞好党员党性分析与民主评议》，中共党史出版社，2017。

（2）从律师事务所主要负责人开始，展开对上年度工作的批评与自我批评。

（3）出席会议的高级合伙人对各位合伙人在上年度的工作、业务等畅所欲言，进行批评与自我批评。

（4）议程最后，大家进行简单总结并发表感言和展望。

（四）会议跟进

针对民主生活会中检查和反映出来的问题，管理团队及其成员应当制定整改措施，确定整改目标和完成时限，对突出问题进行专项整治。

第四章

合伙人的内涵及选用

创业就像拼图的游戏，创业的过程就是创始人拿百分之百的梦想去与资金分享，与最优秀的员工分享，与最好的市场分享，与最好的资源分享。成功的企业，从来不是靠单打独斗取胜的，而是需要根据发展进程，逐步引入资金、技术、管理、资源等各方面的合伙人，大家同心协力，以获取成功。

资源共享的年代里，合伙制是维系各方股东的纽带，是统一目标、形成合力的关键所在。合伙制帮助员工实现了当老板的梦想，将员工和公司的利益绑在一起，也平衡了经营团队和股东之间的关系，便于公司日常管理的决策和运营，以此来实现公司的高速发展。

一、合伙人的分类

合伙人可以分为内部合伙人和外部合伙人，前者主要包括业务合伙人、事业合伙人和核心合伙人，后者主要包括渠道合伙人、资金合伙人和技术合伙人。

（一）内部合伙人

1. 业务合伙人

业务合伙人机制是一种可以让老板一个人关心市场、关心经营，变成多个有能力的“员工老板”一起关心市场，针对公司或某项业务投资入伙共同奋斗的企业管理机制。通常而言，业务合伙人是具备获得项目的能力的合伙人，是公司业务的领导者。业务合伙人通常不涉及股权结构、股权激励，以及股权分配等，公司的所有权仍是法人拥有。业务合伙的关键是以某项业务为核心，风险共担、利益共享，业务的责任主体发生转变。

业务合伙人的团队一般为“$1+n$”模式，即1位核心骨干或带头人，以及n位创始团队成员。团队成员必须投入资金，在平台的整体战略框架下进行自主经营，在终端操作层面自负盈亏。

要落实业务合伙人机制，应重点关注以下六个方面：①把老板一个人的奋斗，变成一个团队的共同奋斗；②把个体独立作战，变成抱团作战；③把经销商的资金、仓配资源分享出去，变成“1+1+1=111”；④把员工变成老板；⑤把打工者变成创业者；⑥把利益共同体变成业务共同体和命运共同体。

2. 事业合伙人

前文已提到，事业合伙人主要指把公司的工作当作自己的事业去做，愿意长期和公司一起共同发展和奋斗，有着这样主人翁精神的员工。事业合伙人制度是一种类合伙人的分享机制、发展机制和企业管理机制。事业合伙人有四个特点：掌握自己的命运、形成背靠背信任、做大事业、分享成就①。

事业合伙人制度主要有以下三大实施要素。

（1）知识个体性，即企业知识掌握在个人手中。以富士康为反例，富士康对流水线工人的要求并不高，流水线工人的创造力甚至会对企业造成困扰。所以，在该类型的企业中是不需要建立事业合伙人制度的。

（2）股权分散性。股权高度集中的企业不适合采用事业合伙人制度，

---

① 王奕程：《店铺合伙人》，经济管理出版社，2018。

因为该类型的企业很容易失去技能水平高超或管理水平优秀的员工，他们或者投奔采用事业合伙人制度的企业，或者离职自己创业。

（3）企业业务的分装性。例如，律师事务所的业务可以分成一个个案子，会计师事务所的业务可以分成一个个项目①，与这些单位类似的公司特别适合推行这种制度。

本质而言，事业合伙人是职业经理人的升级版，即让职业经理人和股东真正共同分担风险和承受失败的后果，以此对员工进行激励。

以万科事业合伙制为例，万科于 2014 年 3 月首次提出事业合伙制，以进一步协调企业管理团队与股东的关系，激发员工工作热情与创造力。万科推出事业合伙人持股计划，允许员工进行项目跟投，推行事业合伙化管理。2015 年 1 月，万科在此基础上进行升级，推出事业合伙制的 2.0 版本，并在南京浦口 G78 和九龙湖 G83 项目上率先试点。

万科事业合伙制 2.0 版本包括以下核心内容。

（1）公司持股制度。盈安合伙是万科设立的有限合伙制的操作平台。万科将经济利润奖金账户中的资金委托给盈安合伙操作，用于购买万科 A 的股票。经济利润奖金获得者为在一线奋斗的 200 多位公司管理者。这不仅有助于让员工关注企业市值和长远发展，也有利于公司的市值管理和管理层控制权的稳固。

（2）项目跟投制度。万科事业合伙制强制一线公司管理层和项目负责人跟投，放大跟投人决策权，并且限制了董事、监事参与跟投，除这两类外的其他员工可自愿参与跟投。该跟投机制有助于提高项目的经营效益。首先，相比于集团高层人士，一线的管理、操作人员往往对项目的实际情况、利润前景和风险更为熟悉，这有助于提高决策准确性。其次，因为合伙人与股东利益的一致性，员工将更重视经营效益，例如在拿地环节上就会更加注意成本控制、地块选择等，减少盲目拿地而造成

---

① 杨青：《兼并、收购与公司控制》，复旦大学出版社，2018。

的利益损害。最后，因为事关切身利益，更容易激发团队在项目设计、营销等方面的积极性，以及部门间的配合协同性。

3. 核心合伙人

核心合伙人的定位比较特殊，任何一类合伙人都可能成为核心合伙人，这取决于一家公司的侧重点在哪里。比如连锁品牌，店长可能是核心合伙人；对于产品过硬而营销方面较差的公司，渠道合伙人可能是核心合伙人；对于技术类和设计类公司，制造商可能是核心合伙人。这也反映了核心合伙人制度具有补短的作用，可以实现“1+1>2”的效果。

有时候，团队比产品更加重要，小米、腾讯和携程等企业在核心合伙人的选拔上都花费了不少的时间和金钱，以弥补短板，发挥团队优势。

小米有“本土+海派”混搭的合伙人团队。

小米集团的创始合伙人中，雷军任小米的董事长兼 CEO，林斌任小米的副董事长，洪锋任高级副总裁、小米金融董事长，王川任高级副总裁、首席战略官，刘德任高级副总裁、集团组织部部长、清河大学校长。黄江吉、周光平于 2018 年 4 月 27 日辞去小米公司职务，黎万强于 2020 年 6 月卸任小米旗下多家公司高管职务。2020 年 8 月，四位合伙人团队新成员正式宣誓就任：王翔，任集团总裁；周受资，任集团高级副总裁、国际部总裁（2021 年 3 月辞任执行董事职务）；张峰，任集团副总裁、集团参谋长、集团采购委员会主席；卢伟冰，任集团副总裁、中国区总裁、Redmi 品牌总经理。小米的创始合伙人团队一直在带领集团前行。

业内鼎鼎大名的腾讯“五虎”在组建时也颇费了一番工夫。腾讯的五位核心创始人相互之间是同学或同事的关系。在腾讯创建初期，五人分工协作：马化腾任 CEO，负责统筹公司发展；张志东任 CTO（首席技术官），是核心技术的最高负责人；曾李青任 COO（首席运营官），负责监督管理日常经营活动；陈一丹任 CAO（首席行政官），负责职能体系、价值观、文化建设和公益慈善事业等领域；许晨晔任 CIO（首席信息官），负责信息技术和系统等领域。五人同心同德，各展所长。每当遇到重大的抉择时，他们都会一起讨论、一起面对、一起解决，才把腾讯打造成如今的“企鹅帝国”。

携程“四君子”也不遑多让。携程于 1999 年正式成立，2003 年赴美上市。仅用了短短 4 年的时间，携程便登陆美国纳斯达克，成为中国在线旅行社第一股，并创下纳斯达克当年的开盘当日股票涨幅最高的纪录。如此亮眼的成绩，离不开四位创始合伙人的默契配合。其中，梁建章担任首席执行官，负责网络技术；季琦担任总裁，负责开拓市场；沈南鹏担任首席财务官，负责上市融资；范敏则担任执行副总裁，负责产品管理。四人技能互补，又各有千秋，帮助携程渡过了一个个难关，进入了发展的快车道。

（二）外部合伙人

1. 渠道合伙人

“酒香也怕巷子深”，仅仅依靠产品和技术领先的时代已经过去了，控制渠道，甚或适度地在渠道上狙击对手，已经成为营销的必要手段。引入渠道合伙人制度，无疑是企业构建营销网络的最佳手段之一。

渠道合伙人的根本任务就是将生产经营者与消费者或用户联系起来，使生产经营者生产的产品或提供的服务能够在恰当的时间、恰当的地点，以恰当的形式提供给恰当的人。

现代渠道已从原来的长线渠道逐渐变得扁平化。传统渠道由经销商、一级批发商、二级批发商、终端店组成，利润被渠道瓜分；而近几年，越来越多的企业舍弃一级批发商和二级批发商，直接对终端进行掌控，这样不仅有利于产品的分销，而且提高了企业利润率。

从泸州老窖的柒泉模式，我们或可探究一下渠道合伙人的落地机制。泸州老窖是中国浓香型白酒酿造工艺标准的出台者，拥有悠久的历史，与贵州茅台、五粮液、汾酒齐名。不过，在从“民酒”到“名酒”的发展进程里，泸州老窖出现过一些战略失误，逐渐落后于贵州茅台和五粮液。进入21世纪后，泸州老窖出现复兴势头，基本站稳了一线品牌位置。其中，泸州老窖的渠道模式——柒泉模式发挥了关键作用。

柒泉模式始于2006年，是借助股权设计创造的一种厂商与经销商共同主导的渠道模式。简单来说，柒泉模式是以区域为单位，在泸州老窖销售公司下设立一家区域柒泉公司。其中的股东为泸州老窖的片区销售团队以及区域核心经销商。原片区的销售总经理担任柒泉公司总经理，核心经销商担任董事长。柒泉公司相当于区域内的一级批发商，直接从泸州老窖提货，再把这些货分销给其他经销商。

柒泉模式的实施对泸州老窖的复兴起到了很大作用，具体表现在以下四方面。

（1）捆绑了核心经销商的利益。核心经销商不但能赚取差价，还能赚得柒泉公司的分红。

（2）销售人员加入柒泉公司后，要与泸州老窖解聘。这就相当于销售外包，有利于销售费用的下降。尤其是2010—2014年，泸州老窖销售费用长期比友商低。

（3）柒泉模式放大了分销杠杆。核心经销商既缴纳订货款，又缴纳保证金，还缴纳股本金，泸州老窖获益最大。

（4）柒泉模式实现了厂商与经销商的共赢。2013年以后，泸州老窖着手对柒泉模式进行升级，形成了“柒泉公司+品牌专营”模式。品牌专营是指泸州老窖分别设置国窖、窖龄、特曲三大品牌专营公司，全部由经销商持股，销售人员和核心管理人员则由泸州老窖任命。由此，三大品牌专营公司在各区域内设置区域专营子公司，专门推广单一品牌的销售工作，更有利于区隔化操作各品牌的销售工作，从而尽最大可能打造“大单品”，实现市场突破。

2. 资金合伙人

在美国，有一批成功的创业者或者大跨国集团的高管在功成名就之后，既不想再去一线“厮杀”，也不想完全退休，而是想找一个相对轻松、压力小但同时也能发挥他们的能力、资源、人脉优势的工作。而风投基金公司也希望在自有团队之外有更多的智囊团，帮助自己对项目进行筛选、管理和资源整合，因而资金合伙人这个概念就出现了。常见的情况是，某个特定行业的资金合伙人，往往是基金公司之前投资过的企业家，这个企业家在取得一定成果后担任该基金公司的资金合伙人。因为已经有了多年的合作经历，后续工作的展开也会更加顺利。这类合伙人的加入不仅会改善企业现金流情况，而且对各类决策会有较大的帮助。

资金合伙人助推企业成功的实例可谓比比皆是，如阿里巴巴、京东、腾讯等。它们都借助资本的力量实现了飞速发展。

2005 年 8 月 11 日，经过马云团队与雅虎负责人的协商，雅虎获得阿里巴巴集团 39% 的股权，成为阿里巴巴集团接下来 7 年间最大的股东，为阿里巴巴集团提供了资金支持，使得阿里巴巴集团占有了大量的市场份额，为其之后的发展奠定了基础。

京东由纯电商轻模式向线下偏重模式的转型点源自 2010 年高瓴资本那笔约 3 亿美元的注资，这也是当时互联网投资中单笔投资额最大的一单。高瓴资本不仅注入大量资金，确保京东在极短时间内迅速确立了在 B2C 电子商务领域不可撼动的领先优势，甚至在某种程度上震慑住了新的资本投向该领域的竞争公司，强化了京东的绝对领先地位；凭借丰富的投资经验，为京东的战略方向和战略决策提供了许多建设性意见，打造物流和供应链系统；利用自身资源，撮合京东与腾讯等企业合作，帮助京东发展。

3. 技术合伙人

技术合伙人，顾名思义就是带着技术入伙的合伙人，这对于技术要求高的企业而言至关重要。智己汽车在技术合伙和技术激励方面的做法可圈可点。

由上汽集团、张江高科和阿里巴巴集团联合打造的百亿级“巨无霸”项目——高端智能纯电动汽车项目“智己汽车”，融合了资金、管理、技术、用户等多方合伙人的力量。作为高端智能纯电动汽车品牌，智己汽车一经发布即引起了各方关注和巨大反响。

（1）上汽集团强势注资并进行技术加持。

在人工智能时代，与用户共生，定义智能时代汽车该有的样子，成就“智能时代出行变革的实现者”，是智己汽车的品牌蓝图。智己汽车的发展离不开雄厚的资金支持以及强大的技术支撑，上汽集团恰恰扮演了这样一个角色。

除了出资持有智己汽车 54% 的股权，上汽集团横跨全球的产业链布局以及智能制造领域的顶尖实力，让智己汽车在技术关口上充满信心。同时，上汽集团在海外市场及共享出行等方面的优势赋予了智己汽车未来更大的发展可能性。强大的技术力量基础，为智己汽车在渠道、物流、零部件供应体系等产业链提供了足够的硬实力和强底气。

（2）“中国硅谷”再添核心领域澎湃动能。

有“中国硅谷”美誉的张江高科在人工智能和硬件方面为智己汽车锦上添花。

在激流勇进的智能时代，汽车该如何进化才能占据赛道并成为车主的青睐之选？智己汽车认为，应当专注于人工智能与人类智慧协同创造、互相成就的整车深度智能化。既有智慧，又有温度的智能汽车，显然离不开 AI、芯片等核心前沿技术的加持。因此，智己汽车与上海市浦东张江高科技园区达成深度合作，借助张江高科技园区雄厚的 AI 和芯片底蕴，在智能数据构架、功能跨域融合、智能无界 IMOS（IP 多媒体操作系统）及智能驾驶方面得到全面的技术支持。

（3）国内巨擘阿里巴巴集团赋能数据驱动。

实际上，数据驱动是智己汽车品牌与产品迭代的核心理念，因为其致力于成为每时每刻都能够恰到好处地与用户共生最佳驾乘体验的好伙伴。因此，智己汽车离不开大数据技术的支撑，而提供这项技术支持的，正是智己汽车的紧密合作伙伴——阿里巴巴集团。

众所周知，阿里达摩院在人工智能、量子计算等领域开展创新技术探索，广泛挖掘及深度分析海量用户大数据，加之阿里云等生态圈的协同优势，可为智己汽车在用户数据分析及智慧场景使用等方面提供强有力的动能，从而实现正向驱动产品快速迭代，真正实现“软件定义汽车”。与此同时，智己汽车采用全新一代域融合中央计算数字架构，可真正实现全车 OTA（空中下载技术），并根据实时场景来优化控制策略和程式，进行即时推送更新，并为用户提供完整、实时的深度智能化体验。

（4）与锂电池巨头、5G 引领者等达成深度合作。

除了以上“三巨头”的鼎力支持，定位为“智能时代出行变革的实现者”的智己汽车，也离不开一些具有契约精神的合作伙伴的支持。例如，在智电技术方面，智己汽车与全国锂电池技术遥遥领先的宁德时代达成了深度合作，使用三大全球首用技术，打造全球领先的能量密度电池、永不自燃的超级电池，让智己汽车的智电技术走在智能时代的前沿。此外，在 5G 技术的运用上，智己汽车与中国移动、华为等合作伙伴展开深度合作，在智能的赛道上自由驰骋，在 5G 时代，为用户创造万物皆可瞬息分享的超级社交分享体验。①

（5）引入多方面的合伙人。

智己汽车引入了多方面的合伙人，正式开启智能出行生态的全新共创模式，为用户打造精致、丰富、有趣的 AI 智能出行新体验，如英国著名设计工作室 Heatherwick Studio（赫斯维克建筑事务所）成为智己汽车的首个品牌合伙人，国际数字交互艺术团队 teamLab（团队实验室）成为智己汽车的首个艺术合伙人，威廉姆斯高级工程公司成为智己汽车的技术合伙人。其中，威廉姆斯高级工程公司是全球汽车工程领域享有盛誉的技术支持团队，致力于将其积累的先进技术应用在未来汽车上。它的

① 来自《全球首创 CSOP 平台，智己汽车的背后，究竟有着怎样的实力?》，https://baijiahao.baidu.com/s?id=1688935831801749274&ufr=spider&for=pc。

入伙赋予智己汽车产品赛道基因和超跑性能，为消费者带来超越期待的驾乘体验。而智己汽车的品牌也给予威廉姆斯高级工程公司先进技术用武之地，可谓互惠互利。

二、选择三观一致、优势互补的合伙人

合伙人都有一些共同特性，这些共同特性就是选择合伙人的标准。电影《中国合伙人》里曾有这样的表述：之所以会成为合伙人，无非是有钱、有技术、有资源、有管理能力，或者在其他方面很出色。但是，仅仅有这些还是不够的，更重要的是合伙人之间在人生观、价值观、追求上保持一致，并且能优势互补。

（一）选择标准

选择合伙人的标准有千万种，最主要的有以下六个方面。

1. 一致的价值观

选拔合伙人的第一标准是有一致的价值观。因为不管是初创公司还是已成熟的企业，如果合伙人之间的价值观或发展理念存在重大分歧，那么合伙人同心协力、长远发展的可能性很小，甚至会对企业造成不可估量的负面影响。古往今来，这样的事例有很多。

《水浒传》中，梁山好汉表面上价值观一致，都是“替天行道”，但是不同的道最终导致了分崩离析的结局。这里面有三个典型人物，也分别代表了梁山上的三种不同的“道”，这三人正是宋江、李逵和鲁智深。其中宋江的道乃是儒教的“忠君爱国，青史留名”之道，可惜只是“愚忠之道”，最终落得中毒身亡的下场；李逵的道是江湖上对大哥的“唯命是从，两肋插刀”之道，最终被宋江以一碗毒酒亲自送走；而鲁智深的道则是最朴素的“行侠仗义，打抱不平”之道，最后听到钱塘江潮信而顿悟，沐浴更衣，焚香打坐，而后圆寂。由此可见，虽然梁山上只有一

面“替天行道”的大旗，但在每个人心目中都有不同的解读，也是梁山好汉分崩离析的根源所在。

同样地，阿里巴巴发展企业合伙人的时候，进入机制的第一个标准就是合伙人不仅要认同，还需要竭力践行企业价值观。该标准曾一度占据阿里巴巴合伙人进入机制60%的比重，足可见阿里巴巴对于价值观的重视。

由此可以看出，在选择合伙人时，合伙人有一致的价值观是多么的重要。合伙人之间是否有一致的价值观事关合伙人团队能不能长久合作下去这个根本性问题。不基于精神共同体，而盲目发展合伙人，那么员工只会为利益而来，又会因利益而去。

2. 过硬的专业能力

所选择的合伙人在岗位上必须是独当一面的、成熟型的人才，必须有出色的专业技能作为支撑。如果合伙人和其他普通员工一样，那怎么能够让员工服从，让员工从心底认同其为代表公司的先锋队呢？因此，合伙人必须有一定的专业背景，在某个领域有所专长，并且有出色的表现。

3. 远大的抱负和理想

最大的危机是没有危机感，最大的陷阱是满足。企业要选择有抱负、有理想、有激情的合伙人，所有合伙人为了企业的长远目标而奋斗。如果选择了一个鼠目寸光，只能看到眼前利益的人，从长远来看，显然是弊大于利的。

从蔡崇信加入阿里巴巴我们也可以窥见这一点。蔡崇信出身法律世家，1999年，他毅然放弃高薪进入马云团队，每月仅领取极少的工资。这份无与伦比的魄力和远见使他有机会得到巨大的市场回报，阿里巴巴成功上市，蔡崇信的身价也达到800多亿元，互相成就不外如是。

4. 较大的发展潜力

合伙人的发展潜力非常重要。很多企业在提拔员工的时候，没有注重考核发展潜力。发展潜力不足的员工到了一定岗位后，能力达到天花板，随着企业的进一步发展，员工能力跟不上，最后可能会拖企业发展的后腿，合伙人更是如此。

如何判断一个员工的发展潜力呢？主要看其是否具有持续奋斗的自驱力以及学习力，这二者是员工保持竞争力的关键要素。当员工做到一定的业绩后，没有自驱力就难以继续奋斗，容易满足于现状；遇到一定的瓶颈后，没有学习力就难以继续成长，容易失去工作动力和热情。因此，选拔合伙人时，需要重点考核其发展潜力。

5. 勇于承担，乐于奉献

合伙人不仅要有好的业绩，还要有担当，重责任，能够吃苦耐劳，乐于牺牲奉献。凡事拈轻怕重，有利益、有功劳就争，有问题、有责任就躲，这样的员工不足以发展为企业的合伙人。

创业是一个艰辛、漫长的过程，需要合伙人之间的精诚团结，也需要合伙人的责任心和奉献精神。如阿里巴巴在发展合伙人的时候，就非常强调合伙人的责任心和奉献精神，并将其设置为选拔合伙人的重要标准。

6. 优势互补、结构合理

合伙人团队要做到优势互补，将专业的事交给专业的人去做，以达到事半功倍的目的。如企业缺乏技术，可引入技术合伙人；缺乏渠道，可引入渠道合伙人，以不断完善合伙人团队，积累企业发展筹码，促进企业又好又快发展。

以《西游记》中唐僧带领的取经团队为例，师徒四人相互配合，相互促进，最终使得取经圆满完成。

（二）选择程序

企业的第一批合伙人由实际控制人或者控股股东提名确定，并经由董事会审议通过。而新合伙人除了通过综合能力和价值观的考核，还需要经过必要的程序，具体如下。

（1）新合伙人入伙前必须已经提交入伙申请或被提名。

（2）入伙申请经由合伙人委员会审核是否符合入伙条件。

（3）新合伙人入伙，除合伙协议另有约定外，一般应当经全体合伙人表决通过，并依法订立书面入伙协议。

（4）新合伙人公示并成为预备合伙人。

（5）通过1年考察期后，经全体合伙人表决通过。

（6）进行公示、签约和入伙宣誓。

新合伙人在签订入伙协议时，要注意以下事项。

（1）订立入伙协议时，原合伙人应当向新合伙人如实告知原合伙企业的经营状况和财务状况。

（2）新合伙人与原合伙人享有同等的权利，承担同等的责任。入伙协议另有约定的，从其约定。

（3）新合伙人对入伙前合伙企业的债务承担无限连带责任。

《合伙企业法》第四十三条规定，新合伙人入伙，除合伙协议另有约定外，应当经全体合伙人一致同意，并依法订立书面入伙协议。订立入伙协议时，原合伙人应当向新合伙人如实告知原合伙企业的经营状况和财务状况。这里的新合伙人是指拟加入合伙企业的第三人。合伙企业接纳第三人加入必须经全体合伙人同意，并订立书面入伙协议，这是因为：第一，合伙企业接纳他人入伙是对合伙协议内容的重大变更，其实质是修改了原有的合伙协议，改变了当前的合伙关系；第二，合伙关系的本质是合伙人之间相互信赖的人身关系，合伙也是基于这种信任而产生的行为，它不单纯是一种资金的联合，而且有着很强的人合性，如果某一合伙人对申请加入合伙的第三人并不了解，缺乏信任或有其他任何原因，均有权拒绝该第三人加入合伙的要求；第三，有些学者认为，合伙企业发生入伙情形，是原合伙企业的散伙，由包括新入伙的合伙人在内的所有合伙人成立了一个新的合伙①。

---

① 付勇、刘韬：《常用合同签约技巧与范本大全》，中国法制出版社，2010。

三、权利与责任对等，考核与退出并举

（一）合伙人的权利和义务

1. 合伙人的权利

从法律层面看，合伙人的权利主要有共有财产权、合伙经营权和利润分配请求权。

（1）共有财产权。《合伙企业法》第二十条规定，合伙人的出资、以合伙企业名义取得的收益和依法取得的其他财产，均为合伙企业的财产。所谓的共有财产权是指合伙财产归合伙人共有，而非归合伙人个人所有；合伙财产属于合伙企业的财产，即属于全体合伙人的共同财产。第二十一条第一款规定，合伙人在合伙企业进行清算前，不得请求分割合伙企业的财产，但本法另有规定的除外。所谓“另有规定”，特指“退伙”。

（2）合伙经营权。共同经营是合伙企业的重要特点，因此，合伙经营权是合伙人最重要的权利。具体而言，合伙经营权包括以下四个权利。

一是合伙事务的决定权。合伙重大事务应由全体合伙人做出决定；合伙日常事务可由业务执行人自行决定。合伙人就合伙事项做出决议时，一般采用一人一票的表决办法。但合伙协议可以做出不同的约定。需要注意的是，像处分合伙企业不动产、改变合伙企业名称等事务，根据《合伙企业法》的规定，必须经全体合伙人一致同意；其他事务的决定方式应由合伙协议具体约定。

二是合伙事务执行权。一般来说，合伙企业的事务应由全体合伙人共同执行。但根据合伙协议和全体合伙人的决定，也可以设立合伙事务执行人，此时其他合伙人不再执行合伙事务。

三是监督检查权。当设立合伙事务执行人，其他合伙人不再执行合伙事务时，其他合伙人有权监督合伙事务的执行情况。另外，当合伙事

务由合伙人分别执行时，合伙人对其他合伙人执行的事务享有提出异议的权利。

四是查阅账簿权。对合伙企业的经营状况和财务状况，合伙人享有查阅账簿的权利，以便在合伙决议中做出正确判断。

（3）利润分配请求权。合伙人组成合伙企业进行经营的目的在于获得经济利益，这是不言而喻的。因此，利润分配请求权应是合伙人最基本的权利，应当依据合伙协议中的约定行使。

2. 合伙人的义务

从法律层面看，合伙人的义务主要有出资义务和承担合伙事务的义务。

（1）出资义务。出资是合伙人承担的首要义务。合伙人应以自己的合法财产及财产权利出资，并应严格按照约定的方式、数额和期限出资；否则，就要承担损害赔偿责任。另外，需要注意的是，各合伙人按照合伙协议的约定实际缴付的出资，是其对合伙企业的出资；在合伙企业存续期间，合伙人不负有增加出资的义务。当然，依照合伙协议约定或全体合伙人决定，合伙人可以增加出资，用于扩大经营规模或者弥补亏损。

（2）承担合伙事务的义务。这既是合伙人的义务，实际上也是合伙人的权利。设立合伙事务执行人的，事务执行人应认真履行职责，按照约定向其他合伙人报告有关情况并接受监督检查。一般合伙人查阅账簿，对合伙事务进行监督、检查，共同决定合伙重大事务，这些都是履行承担合伙事务义务的形式①。

（二）考核机制

企业管理中经常会讲到责、权、利，其中的责就是指职责，对应的就是分工。在寻找合伙人的过程中，一定要考虑找来的合伙人具体能干什么，在哪些方面能够独当一面。事先就要做好准确的分工，明确合伙

---

① 魏宏：《商事合同法律问题》，中国法制出版社，2000。

人各自负责的事项，并制定详细的考核标准。

一般来说，考核可以分成两个层面，即所属单位层面的考核和个人层面的考核。完成任务，达到考核标准，说明你是一个合格的合伙人，可以分到应得的利益；相反，完不成任务，达不到标准，说明你不是一个合格的合伙人，尽管有股权，但未必能得到利益。

而这就需要在做股权设计时，提前讲明白各自的责、权、利，即分股、分工、分权、分利。这样才可以避免吃大锅饭，让大家劲往一处使，保持奋斗激情，促进企业发展。另外，也可以通过这种分工让合格的合伙人留下来，让不合格的人出局。

具体的考核机制因企业的不同而异。

以阿里巴巴为例，在2003年推行的绩效考核中，企业文化和价值观考核占据了50%的比重。阿里巴巴合伙人表示，文化如果只是通过一些活动和培训展现，是无法让一个年轻团队真正了解的。价值观不是惩罚人的工具，而是做事情的准则。考核的目的是要让大家理解企业的价值观，是要使之深入人心。

（三）退出机制

企业在发展过程中不可避免地会遇到核心人员的变动，特别是已经持有企业股权的合伙人退出团队时，要处理好合伙人手里的股份，避免因合伙人股权变动而影响企业的正常经营。

1. 提前约定退出机制

“未谋进，先谋退”，企业在考虑启用合伙人制度时，就要考虑好合伙人的股权退出机制，约定合伙人在任何阶段退出时需要退回的股权比例、退出形式等。当合伙人确定退出企业时，其所持的股权就按照事先约定的退出机制办理即可。这么做的好处：①避免因合伙人退出造成企业动荡；②企业及时收回股权，稳定现有合伙人团队，确保其未来收益；③便于新合伙人的加入；④利于企业持续且稳定地发展。

2. 中途退出价格的确定

股权的回购实际上就是“买断”。确定股权回购价格时建议考虑“一个原则，一个方法”。

“一个原则”，即当合伙人退出时，全部收回或部分收回其股权。与此同时，根据合伙人的历史贡献，企业在回购股权时要给予一定的溢价。该原则的确立，关乎合伙人的退出，更关乎企业的长远发展。

“一个方法”，即对于如何确定具体的退出价格。建议公司创始人考虑两个因素：一个是退出价格基数；另一个是溢价或折价倍数。比如，可以根据合伙人获取股权的支付价格的一定溢价回购，或者按照其持股比例可参与分配公司净资产或净利润的一定溢价回购，也可以按照公司最近一轮融资估值的一定折扣价回购。至于选取哪个退出价格基数，不同商业模式的公司会存在差异。因此，对于具体回购价格的确定，需要分析公司具体的商业模式，既让退出合伙人可以获取企业成长收益，又不让企业有过大的现金流压力，还能预留一定的调整空间和灵活性①。

3. 设定高额违约金条款

为了防止出现合伙人退出却不同意企业回购股权的现象，可以在合伙协议中设定高额的违约金条款。

---

① 李明轩：《借力：企业破解困境的新金融思维》，吉林人民出版社，2016。

第五章

合伙人激励

单打独斗已成为历史，未来企业发展的趋势是合伙制，企业单靠一个人的力量发展是有限的，需要靠一群人的力量去推动企业的发展。合伙制是一个趋势，也已然成为许多成功企业的标配！在人才稀缺的时代，如何培养、引进和留住优秀人才已成为企业日益关注的问题，与之紧密相关的人才激励话题的热度也居高不下。其中，合伙人激励模式作为企业激励模块的重要组成部分，受到各方的关注。

一、常见的合伙人激励模式

一般来说，合伙人激励模式主要有两种：奖金激励和股权激励。

（一）奖金激励

奖金激励是激励的一种重要手段，能够帮助企业更好地激励合伙人，提高企业生产效率，降低生产成本，使企业利润最大化。奖金激励通常包含以下五种形式。

1. 较高的时薪

企业中有相似工作内容的员工，其中工作效率更高的会获得比工作效率一般的员工更高的时薪。比如，A 员工一天可以生产 100 件产品，B 员工一天可以生产 120 件产品，那么企业为了激励员工可能会给 A 员工时薪 10 元，B 员工时薪 12 元。

2. 个人奖金方案

合伙人有资格在基本工资的基础上获得奖金，每个人的奖金是单独计算的。合伙人能够获得的奖金金额是根据这个合伙人的具体工作表现来确定的。这种激励方案鼓励合伙人更加注重个人发展，促使合伙人提高工作效率和工作质量，以获得更高的奖金回报。

3. 团队奖金方案

相较于个人，团队更容易管理，这种奖金激励方案基于一个团队、部门或者整个企业的绩效表现，优势在于可以促进团队成员之间、部门之间互相合作，共同解决问题，达成目标。

4. 利润分享计划

合伙人在年末的时候会从企业的利润中获得相应的利润分成作为回报，所获得的回报基于企业的实际利润。如果企业当年没有盈利也就没有相应的利润回报。这种利润分成每年年底才能拿到，可以激励合伙人持续努力工作。

5. 增值奖励计划

增值奖励计划是一种替代利润分享计划的激励方案。增值等于销售额减去原材料或者服务成本所得出的额外价值。一个基本的增值数字将被商定为一个企业的目标，超额增值收入的一部分将作为奖金支付给合伙人。相较于基于利润来确定奖金，基于增值来确定奖金，金额更为客观。

（二）股权激励

适合企业实际情况的激励模式不仅会提高合伙人的工作效率和工作激情，也会提高企业的收入，促进企业的发展，实现企业和合伙人的双赢。一般来说，为充分激发合伙人的主观能动性，做到持续、有效的激励，除了奖金激励和晋升激励，企业还会采用股权激励模式。

股权激励是一种使员工获得企业一定的股权，使其能够享受股权带来的权利与经济效益，能够以股东的身份参与企业决策、分享利润、承担风险，从而激励员工为企业长期发展服务的激励制度。在吸引特殊人才和专业人才方面有一定优势。

1. 股权激励的特点

股权激励着眼于长期激励和人才价值，将员工和企业利益捆绑在一起，对企业长远战略目标的实现具有极大的促进作用，在合伙人激励中具有重大意义。

（1）股权激励是一种有效的长期激励。员工职位越高，对企业业绩的影响就越大。股权激励作为一种长期激励，可以绑定员工与企业的利益，减少代理成本，充分发挥员工的积极性和创造性。

（2）股权激励是人才价值的回报机制。根据马斯洛需求层次理论，工资和奖金并不能完全满足人才的需求，股权激励有利于满足员工自我实现的需求。

（3）股权激励是一种企业控制权激励。通过股权激励，同员工分享部分企业控制权，促使员工参与企业的发展经营，从“低头赶路”变为“抬头看天”，员工将不再仅仅关注企业的短期业绩，也将考量企业的长远发展，从更高的层次去思考问题、解决问题。

2. 股权激励模式

一般，股权具有三种权利，包括分红权、增值权和投票表决权，由此将股权模式划分为以下四大类。

（1）干股。干股又称分红股，指的是只有分红权的股权模式。干股只享受企业每年的利润分红，并不享受企业价值增长带来的溢价，一般适用于生产制造型企业。

在法律意义上，干股股东是有实际出资的，只不过其出资是由企业或他人代为交付的。其持有人与普通股持有人拥有的权利不同，干股持有人没有表决权、增值权、决策权、清偿剩余财产的权利，只有分红权，即盈余分配权。

企业一般将干股用作对企业发起人的酬劳，有时也作为拉拢手段用以赠送相关人士。很多私企老板为了笼络一些有能力的人（通常是企业业务或技术骨干）以稳定团队，希望给予这些人一定的红利，但是又不想给这些人实际控制权或只是给予部分控制权，就让这些人占有一定比例的股份，即干股，并且按照比例进行年终分红，以达到“进可攻、退可守”的目的。

干股具有以下五个特点：①干股是协议取得，而非出资取得；②干股的地位受到无偿赠予协议的制约；③干股具有赠予的性质；④干股一般用来激励；⑤干股股东属于股东名册中的股东，而不是隐名股东或被代持股东。

在实际操作过程中，干股的分红比例视同为100%（除非事先约定）。一般而言，干股比较适合成熟、有稳定利润的企业，可以用来解决部分员工流动率大的问题，其退出方式也较为容易。

连锁企业是使用干股作为股权激励的典型。不少连锁企业在发展过程中可能会遇到这样一个问题——门店越多，每个门店的平均营业额越低，利润越少，且员工流动率大大提高，合适的店长更是一将难求！这时候，可以对连锁门店的3~5个核心成员采用干股的方式进行激励，把每年门店利润的一定比例用作分红，极大地提高店长和业务骨干的积极性与责任心。例如永辉超市的OP合伙人模式，以超额利润分配为核心，以股份分配为辅助，将联合创始人、店长及一线员工的利益同企业发展和门店管理紧密联系在一起，实现了永辉超市的快速崛起。数据显示，近年来，永辉超市在《财富》中国500强榜单中的排名一直在大踏步前进，2012年排在第224名，2021年排在第120名。

（2）期权。期权是一种选择权、增值权，指的是一种能在未来某特定时间以特定价格买入或卖出一定数量的某种特定商品的权利。它是在期货的基础上产生的一种金融工具，给予买方（或持有者）购买或出售标的资产的权利。期权是只有增值权的股权模式，因为期权不需要每年分红，激励对象享受某一行权价格，未来公司股价增值后可以兑现增值部分，故比较适合发展速度较快、现金流不充裕的企业，如互联网企业。

期权的持有者在满足一定的限制条款后，可以在该项期权规定的时间内选择买或不买、卖或不卖的权利，可以实施该权利，也可以放弃该权利，因而相比股票、期货，期权是一种保本的方式。

期权有四个特点：①期权为看涨期权，即公司股价高于行权价时，激励对象行权后才能获利，若公司股价低于行权价，激励对象可以选择不行权；②期权是有价值的，可以是公司赠送给激励对象的；③期权不能转让、赠予，但可以继承；④激励对象必须通过行权获得股票。

通常而言，使用期权作为股权激励的公司前景好、发展空间大，但暂时缺少利润或现金流。例如，海能达通信股份有限公司（以下简称“海能达”）于 2013 年 5 月首次公布了股票期权激励计划草案，对部分中高层管理人员和技术人员及业务人员进行期权激励，并于 2018 年圆满结束。同从未实施过股票期权激励的竞争对手深圳亚联发展科技股份有限公司相比，海能达在股票期权激励计划实施期间无论是财务指标还是 EVA（经济增加值模型）都表现较好，且对公司员工整体素质、忠诚度、研发创新能力等非财务绩效的激励效果十分显著。鉴于此，海能达已于 2021 年 1 月推出新的股票期权激励计划，并在激励额度和激励范围等方面做了进一步提升。

（3）期股。期股是既拥有分红权，又拥有增值权，但不具有对公司的决策权的股权模式。期股是企业所有者向经营者和企业员工提供激励的一种报酬制度，其实行的前提条件是公司制企业里的经营者必须购买本企业的相应股份，属于虚拟股的一种。它具有干股和期权的特点，比较适合广大中国企业，也是设计股权激励方案时企业经常选择的一种激励模式。激励对象在获取公司期股时需要出资，期股一般比较适合对企业高管、中层干部及业务骨干等进行激励。

期股有四个特点：①期股是一个长期、短期相结合的激励机制，激励对象每年在享有利润分红外，还享受公司股权的增值收益；②期股需要员工出资认购，因为员工出资之后，更有主人翁的意识；③期股不能转让、赠予，但可以继承，具体的限制条件由双方事先在协议中注明；④激励对象未来的工作如果符合企业要求，可以逐步将其持有的期股转成实股。

通常而言，外国企业在进行股权激励时采用期权的方式比较多，这也和有些国家的文化崇尚冒险精神有关。我们知道，获取期权时激励对象不用出资，且在过程中不获得分红，企业和激励对象双方都不用付出代价。一旦企业上市或增值幅度较大，期权就会成为一笔巨大的财富，反之则如同“废纸”。我们在对国内本土企业实施股权激励进行调查分析时发现，很多高管和员工往往不太认可不分红、未来不确定的期权，符合中国人文化传统的股权激励需要遵循长期收益和短期收益相结合的原则。而期股作为分红和增值并行的一种制度，比较符合国人的心理预期。

与干股和期权类似，期股作为虚拟股权的一种，设计股权激励的退出方式较为容易，退出机制也较为简单。进行期股激励时，因为分红和增值并行，所以对公司的要求一般是利润丰厚、发展空间大，比较强调平台价值。例如，华为使用的就是期股模式，将员工的人力资本与企业的未来发展紧密联系起来，形成一个良性的循环体系：员工获得股权，参与公司分红，实现公司发展和员工个人财富的增值；与股权激励同步进行的内部融资，可以提高公司的资本比例，缓解公司现金流紧张的局面。

（4）实股。实股是既有分红权又有增值权，还有投票表决权的股权模式。实股是需要去进行工商注册的实际股权，是一种真实且具有法律效力的股权，主要表现为工商登记股、代持股、员工持股、限制性股票及银股。实股需要激励对象出资才能获得，适用于创业合伙人和核心高管团队。实股的退出机制比较复杂，需要法律来界定。

值得注意的是，根据《最高人民法院关于适用〈中华人民共和国民法典〉婚姻家族编的解释（一）》的规定，股权不属于夫妻共同财产，但股权所代表的财产利益或变价款属于夫妻共同财产，配偶以股权变价款享有应有份额。如夫妻离婚，分割的也是出资额而非股权。土豆网前CEO 王微因离婚而导致实股均分就是很好的例证。

在实际操作过程中，实股不仅包括工商登记的股份，还包括代持股。代持股的成因主要包括以下几种：①隐名股东不方便直接登记为股东，如隐名股东是国家工作人员或对现任职位负有竞业禁止义务；②隐名股东希望通过代持股隐匿财产；③隐名股东希望通过代持股逃避债务或法定纳税义务；④隐名股东想通过隐名隐藏非法目的，如洗钱或规避法律强制性规定；⑤隐名股东企图利用代持股骗取他人钱财，而又不承担法律责任；⑥公司股东太多，超过法定的股东人数限额（有限责任公司法定股东人数限额为 50 人，股份有限公司法定发起人数限额为 200 人，参见《公司法》第二十四条和第七十八条）；⑦隐名股东持股比例小，认为工商登记手续复杂；⑧隐名股东不希望露富。

如果因为上述第一种至第五种原因形成代持股，则属于恶意第三方代持股，不受法律保护；基于上述第六种至第八种原因形成的代持股，属于善意第三方代持股，对隐名股东和登记股东具有法律约束力。可见，代持股对登记股东和隐名股东而言，存在不小的法律风险。

如果属于善意第三方代持股，隐名股东和登记股东双方之间应该签订一份较为具体的协议，约定清楚双方的权利和义务，特别是以下几项：①代持股部分的股东权利如何行使，如在公司股东大会表决时以登记股东还是隐名股东的意见为准；②隐名股东和登记股东之间是否存在必要的利益安排；③万一登记股东去世或离婚，或者隐名股东去世，如何处置代持股份（股权）；④因代持股产生的个人所得税如何负担。

3. 不同股权激励模式的优缺点分析

干股的优点：①不牵涉股东对公司的控制权，但可以对员工形成激励；②仅有分红权，可以使企业的风险降低，即使激励不成功也不会对公司产生致命的伤害；③操作简单，通常仅需要签订协议或合同，在企业内部即可解决，不必经由工商部门。

干股的缺点：①仅有分红权，激励对象一般只能获得相对短期的收益，一旦企业经营效益不理想，将对企业的现金流形成压力；②干股是不用出资即可获得的，与企业的经营起伏相关度高，长期的激励作用比实股要弱；③当企业规模不大时，干股对维系人才的作用有限。

股票期权的优点：①通过绑定经营者的报酬与公司的长期利益，降低委托—代理成本，使企业经营者与企业所有者的利益紧密相关，以降低激励成本；②可以减少股票期权持有人的风险，因为股票期权持有人并未提前支付成本或支付的成本较低。

股票期权的缺点：①公司股权会因为股票期权持有人行权而分散，从而造成公司的总资本和股本结构发生改变，进而可能对现有股东的权益造成影响；②可能遭遇来自股票市场的风险；③促使公司的经营者片面追求股价提升的短期行为，而放弃有利于公司发展的重要投资机会。

期股的优点：①股票的增值和企业资产的增值、效益紧密相连，促使激励对象更加关注企业的长远发展和长期利益；②有效解决激励对象购买股票的融资问题；③克服一次性重奖带来的收入差距矛盾。

期权的缺点：①如果公司经营不善，激励对象有亏本的可能，削弱了激励对象对期股的兴趣；②激励对象的收益难以在短期内兑现。

实股的优点：①拥有实股就意味着成为企业的股东，拥有广泛的股东股权，如知情权、质询权、提案权、表决权等，有利于调动员工的积极性和主观能动性；②实股激励有利于员工为公司的长期发展服务。

实股的缺点：①实股激励最大的影响之一就是会稀释股权，还有可能影响股东的控制权；②员工出资购买公司股份的压力大；③公司收回实股较麻烦。

从合伙人的角度分析，对于业务合伙人一般选用干股模式，对于事业合伙人可考虑期权和期股模式，对于核心合伙人可采用实股、期权、期股模式。

二、通过层级飞跃，调动合伙人的积极性

合伙人晋升是指合伙人由较低层级上升到较高层级，同时获得与新一层级匹配的责、权、利的过程。合伙人晋升机制是指规定合伙人晋升的条件、方法与流程等的制度。合伙人晋升机制有助于充分调动合伙人的主动性和积极性，营造公平、公正、公开的竞争机制，规范晋升流程，推动企业发展。

（一）晋升原则

合伙人晋升时需要遵循以下三点原则。

（1）德行、能力和业绩缺一不可。合伙人晋升时企业不仅要考察其业绩或贡献，更要看重其德行和综合能力。

（2）逐级晋升与越级晋升相结合。一般为逐级晋升，但为企业做出了突出贡献或有特殊才干的合伙人才可考虑被越级晋升。

（3）机会均等与能升能降相结合。所有合伙人都有晋升机会，企业应根据合伙人的综合表现调整合伙人层级。

（二）晋升标准

合伙人作为企业的核心人才、优秀员工的代表人物，并不是满足了一定工作年限或任职年限即可晋升，而是必须要达到一定标准后才能获取晋升资格。该标准应包含以下三个部分。

（1）各层级的上任资格，包括但不限于学历、专业、专业年限、工

作年限、价值观执行等。

（2）各层级的能力要求，即适应这一层级所需要具备的能力，包括工作技能和个人能力等。

（3）各层级的绩效要求，即晋升这一层级所需达到的绩效标准，包括个人标准和公司要求[①]。

（三）晋升时点

为保证合伙人晋升流程的统一性和常规化，最好于每年年底统一进行，不排除特殊情况。

（1）定期。企业每年根据企业经营情况和合伙人表现，于年底进行统一评选和晋升。

（2）不定期。在年度工作中，对那些对企业有重大或特殊贡献的合伙人，可视情况予以晋升。

（四）晋升流程

合伙人晋升需经过合伙人大会认可，具体晋升流程依据企业实际情况而定。

此外，考虑到员工贡献度和企业的长远发展，可设置永久合伙人制度。如阿里巴巴在永久合伙人的选拔、激励和退出等方面均做出了特别的安排。

三、匹配合伙人股权激励模式

从合伙人的角度分析，对于业务合伙人一般选用干股模式，对于事业合伙人可考虑期权和期股模式，对于核心合伙人可采用实股、期权、

① 韦良军：《怎样考核员工才自觉　怎样激励员工才积极》，民主与建设出版社，2011。

期股模式。

华为作为我国民营企业的典范，其激励体系一直受到企业界的高度关注，是很多企业研究借鉴的范本。2014 年，华为打出的“股权激励组合拳”——TUP，让华为的激励机制体系进一步迭代升级，引起业界人士的进一步思考。

华为 TUP（Time Unit Plan），即时间单位计划，是一种无偿授予的收益权，激励对象获得 TUP 后，享有相应的分红权，计划结束时享有增值权，激励对象不需要出资购买。TUP 相当于预先授予激励对象一个获取收益的权利，但收益需要在未来逐步兑现（也可以与业绩挂钩）。这与股票属于不同的类别，所以不受诸如《中华人民共和国证券法》之类的法律法规限制，操作灵活。

TUP 的基本特点如下。

（1）TUP 是一种以 5 年为限的中期激励工具。

（2）TUP 采用了收益递增的方式。这种行权收益逐年递增的方式，使得激励对象在 1～5年的时间里，工作时间越长，收益越多，起到“金手铐”的作用。以 5 年为期的方式也支撑了华为动态人力资源管理的理念，避免了人才的固化。

（3）稀释虚拟股权，持续激活内部动力。TUP 先于虚拟股权分配，起到了稀释虚拟收益的作用，有效解决了老员工“躺在功劳簿上吃老本”的问题，起到了持续激活内部动力的作用。

华为 TUP 采取的是“递延＋递增”的分配方案，操作方法举例如下。

假如 2014 年授予你 TUP 的资格，配备 10000 个单位，假设虚拟面值为 1 元。

2014 年（第一年），没有分红权。

2015 年（第二年），获取 10000 个单位 1/3 的分红权。

2016 年（第三年），获取 10000 个单位 2/3 的分红权。

2017 年（第四年），获取 10000 个单位 100% 的分红权。

2018 年（第五年），在全额获取分红权的同时，另外进行升值结算，如果面值升值到 5 元，则第五年获取的回报是：全额分红 + 10000 ×（5 − 1）。同时对 10000 个 TUP 单位进行权益清零。

每个企业都有自己的特点，激励体系需要根据自身的现状量身定制。从华为 TUP 中我们可以获得一些思路启示，以便应用于自身的激励体系建设中。

（1）有效利用“组合拳”，能够建立一个相互补充的激励体系。股权激励有多种模式，如虚拟股与实股组合，实股与期股组合等，以及短期、中期、长期激励工具组合，形成有效捆绑，从而发挥激励的最大作用。

（2）建立激励体系，必须有明确的管理哲学和理念作为指导。华为的激励体系构建正是在《华为基本法》中与激励政策相关的原则的指导下不断完善的。没有这些管理哲学和理念的指导，就不会有华为今天的激励体系。

（3）企业管理不可能一劳永逸，必须不断探索。华为从 1990 年开始实施股权激励，到 2014 年推出 TUP，前后用了 24 年的时间不断探索、改进、升级激励体系。

第六章

合伙制经典案例赏析

一、阿里巴巴的合伙人制度

（一）阿里说

合伙人精神几乎是镌刻在阿里巴巴集团的基因里，因为自阿里巴巴创立以来，这种精神就帮助阿里巴巴渡过了一个又一个难关，并塑造了阿里巴巴人服务客户、培养员工和为股东创造长期价值等方面的能力。2010年7月，“阿里巴巴合伙人制度”正式形成，以发扬合伙人精神，传承公司的使命、愿景和价值观。

阿里巴巴合伙人制度没有官僚主义和层级制，既促进了管理层的合作，又提升了公司的经营管理水平。阿里巴巴合伙人由阿里巴巴管理层组成，人数会因合伙人的新增或退出而发生变动。这种动态更新合伙人的方式有利于保持和提升公司的卓越性、创新性和可持续性。阿里巴巴合伙人制度考虑的不是将投票权集中在创始人手上，而是基于大多数管理层合伙人的共同愿景，从而使得阿里巴巴的企业文化不会因为任何人的离开而改变。在阿里巴巴合伙人制度下，全体合伙人按“一人一票”的方式享有投票权。

合伙人制度的运作受到合伙人协议的约束，并须遵循公司运营及以下列明的原则、规定和程序。

1. 合伙人的提名和选举

新合伙人产生的流程为现有合伙人向合伙人委员会推荐新合伙人候选人，合伙人委员会对候选人进行审查，并决定被提名候选人是否进入下一轮流程，即全体合伙人进行选举。新合伙人的加入需要得到不低于75%的合伙人同意。

合伙人候选人需具备以下条件才能进入选举程序：

（1）品格优秀、诚信正直。

（2）在阿里巴巴集团、阿里巴巴旗下企业或重要关联公司连续工作超过5年。

（3）曾对阿里巴巴集团的发展有积极贡献。

（4）是高度认可阿里巴巴的使命、愿景和价值观，并愿意为之努力的“企业文化传承者”。①

阿里巴巴合伙人遴选标准与选举程序体现了合伙人对彼此负责任的态度，也提升了客户、股东和员工对阿里巴巴合伙人的信任感。同时，阿里巴巴要求每位合伙人在担任合伙人期间，持有一定数量的公司股权，以避免合伙人损害股东利益。

2. 合伙人的责任

合伙人的主要责任是在公司内部践行阿里巴巴的使命、愿景和价值观，与此同时也将其传达给阿里巴巴的客户、股东、业务相关方等。

3. 合伙人委员会

合伙人委员会由五名及以上的合伙人组成，主要职责是完成合伙人的选举工作。合伙人委员会成员的任期为3年，并且可以连选连任，每3年举行一次选举，由合伙人委员会进行候选人提名，提名总人数应当与委员会成员人数相等，并额外提名3名候选人。每位合伙人投票选出与合伙人委员会人数相同的候选人，获得投票数最少的3名候选人落选，

---

① 于强伟：《股权架构解决之道》，法律出版社，2018。

其他候选人均当选为合伙人委员会成员。[1]

4. 提名和任命董事的权利

根据公司章程的规定，阿里巴巴合伙人享有提名董事的排他性权利，也有权在特定情形下任命50%以上的董事会成员。

阿里巴巴合伙人提名的董事候选人需在年度股东大会中获得过半数股东票数方可当选。如果阿里巴巴合伙人提名的董事未获选或者获选之后退出董事会，阿里巴巴合伙人有权指定1名临时董事，该临时董事有权行使董事职权直到下一次年度股东大会召开。在下一次年度股东大会召开过程中，被指定的临时董事或董事候选人的代替人（非初始候选人）将代表初始候选人在本届任期剩余期限中进行选举。

阿里巴巴合伙人提名董事，由合伙人委员会推选候选人，经全体合伙人投票选举，获得过半数投票的候选人当选。阿里巴巴合伙人提名的董事候选人可以是阿里巴巴合伙人的成员，也可以是其他符合资格的非阿里巴巴合伙人人选。

阿里巴巴合伙人需遵循合伙人协议的相关规定行使对过半数董事的提名权和任命权。任何对合伙人协议中有关合伙人宗旨或阿里巴巴合伙人行使董事提名权和任命权相关条款的修订，都应得到多数非候选人或被任命人的独立董事的同意，独立董事的任职应符合《纽约证券交易所上市公司手册》第303A条的规定。阿里巴巴的公司章程中也规定了阿里巴巴合伙人的提名权及提名程序。依据公司章程，阿里巴巴合伙人提名权以及公司章程中相应条款的变更，需要得到股东大会95%的股东投票支持方可实施，股东本人或通过代理人投票均可。

目前阿里巴巴的董事会共有成员11名，其中5人为阿里巴巴合伙人提名的候选人。根据规定，假如由阿里巴巴合伙人所提名和任命的董事人数少于过半数，如阿里巴巴合伙人所提名的董事停止任职，或阿里巴巴合伙

---

① 于强伟：《股权架构解决之道》，法律出版社，2018。

人未行使提名权或任命权等情形发生，阿里巴巴合伙人有权自行任命其他董事（无须股东同意），以保证由其提名或指定的董事人数达到过半数。所以，阿里巴巴合伙人有权另行提名或任命2名董事，将董事人数增至13人。

5. 合伙人退出与免职

合伙人可以随时退出。除永久合伙人外的合伙人最晚应于年满60周岁时或雇佣合同终止时退出。永久合伙人可以一直拥有合伙人资格直至本人自愿退出、死亡、失去行为能力或被免职。永久合伙人的人数为两名或三名，永久合伙人的人选由将要退出的合伙人或在任的合伙人指定。包括永久合伙人在内的所有合伙人，均可因违反合伙人协议中的相关约定而被正式召集的合伙人会议过半数合伙人投票免职，该免职原因包括未能积极践行阿里巴巴的使命、愿景和价值观；欺诈；有严重不当行为或重大过失。

永久合伙人亦应按照下述规定持有公司股权：合伙人因满足年龄和服务要求而退休的，可以被合伙人委员会指定为荣誉合伙人。荣誉合伙人不得行使合伙人权利，但有权获得年度奖金池的延期分配份额作为退休补偿金。永久合伙人如果不再担任公司职务，即便其仍为合伙人，也无权获得年度奖金池的奖金分配，但如果其为荣誉合伙人，则可以获得年度奖金池的延期分配份额。

6. 合伙人限制性规定

根据公司章程，公司如果出现重大变更，如控股变化、合并或出售等情形，合伙人和其他普通股股东将取得相同对价。此外，公司章程规定了阿里巴巴合伙人对董事的提名权不得转让，亦不得委托代理人或其他第三方行使，但阿里巴巴合伙人可以选择不行使全部权利。

7. 合伙人协议的修订

根据合伙人协议的规定，除普通合伙人对特定管理性规定的修订，合伙人协议的修订需全体合伙人2/3以上参会，并获得参会人数2/3以上的同意票方可通过。此外，对阿里巴巴合伙人宗旨或董事提名权的修订需获得半数以上的非候选人或被任命人的独立董事同意。

8. 合伙人持股规定

阿里巴巴合伙人可以以个人或其公司直接或间接持有公司股权。公司与全体合伙人都签订《股权保留协议》。根据《股权保留协议》，自成为合伙人起，3年内持股数量不得低于其成为合伙人时所持股权的60%（包括未成熟股权、潜在成熟股权和未授予的奖励）。3年期限结束后，合伙人在任职合伙人期间的持股数量不得低于其前3年作为合伙人所持有股权的40%（包括未授予股权、潜在授予股权和未授予的奖励）。《股权保留协议》如果约定持股例外情形，需得到多数独立董事的同意。①

（二）作者观点

1. 阿里巴巴合伙人≠普通合伙人

于阿里巴巴来说，阿里巴巴合伙人有着特殊的意义，是一种特殊的身份，与法律意义上的普通合伙人不同。普通合伙人指共同出资、共同管理企业，并对企业债务承担无限连带责任的人。也就是说，普通合伙人既是企业的所有者，也是企业的管理者，还是企业债务不可推卸的责任人。本质而言，阿里巴巴并不是一家真正的合伙制企业，只是在公司制下采用了合伙人制。所以，阿里巴巴合伙人是具有特殊性的。

（1）阿里巴巴合伙人不等同于阿里巴巴股东。

根据阿里巴巴招股说明书，阿里巴巴合伙人并不等同于阿里巴巴股东，尽管阿里巴巴合伙人也持有一定数量的公司股权，但是要在60周岁退休或离开阿里巴巴时才有，这与《公司法》中只要持有公司股份就是公司股东的概念并不一样。②

（2）阿里巴巴合伙人不等同于公司董事。

根据阿里巴巴招股说明书，阿里巴巴集团董事会拥有的权力非常大，

---

① 于强伟：《股权架构解决之道》，法律出版社，2018。

② 张子凡：《新合伙制2》，中国经济出版社，2018。

而阿里巴巴合伙人会议并不会取代董事会来对公司进行管理，其最主要的权力是具有董事会成员候选人的提名权。换句话说，阿里巴巴合伙人拥有的是对人事的控制权，而不是对公司运营的直接管理权。

（3）阿里巴巴合伙人不需要承担无限连带责任。

阿里巴巴合伙人的主要责任是践行并向外界传达阿里巴巴的使命、愿景和价值观，这主要是精神层面的责任，并不需要承担财产赔偿责任、无限连带责任。①

（4）阿里巴巴合伙人具有提名权而非决定权。

阿里巴巴合伙人制度最具特色的是董事提名权。从表面上看，阿里巴巴合伙人仅拥有董事提名权，并没有董事任命的决定权。但阿里巴巴招股说明书显示，在任何时间，不论因任何原因，当董事会成员人数少于阿里巴巴合伙人所提名的简单多数时，阿里巴巴合伙人有权指定不足数量的董事会成员，以保证董事会成员中简单多数是由阿里巴巴合伙人提名的。所以从实际操作上看，这意味着阿里巴巴合伙人可以通过上述规定做到实际控制公司半数以上的董事。

阿里巴巴合伙人制度最大限度地保留和延续了其独特的使命、愿景和价值观，有利于企业的长远发展。

2. 阿里巴巴合伙人制度带来的启示：平台型企业更具有发展潜力

阿里巴巴是中国最大的互联网公司之一，拥有高市值，本质上是一家典型的平台型企业，拥有强大的生命力。

在产品型、应用型等企业向平台型企业过渡时，失控将成为组织的新常态。此时企业要适应秩序混乱和场面失控的情形。从某种程度而言，组织不怕“乱”，“乱”才有发展，才有未来。

官僚式的、固化的组织流程与当下这个时代格格不入。将内部员工推向市场，让其在市场中得到历练，鼓励内部竞争，企业才能突出重围，

---

① 张子凡：《新合伙制 2》，中国经济出版社，2018。

获得成功。正如凯文·凯利在《失控》一书中所说的“传统组织结构将置企业于死地，未来的企业组织会更类似于一种混沌的生态系统”。①

二、万科的合伙人制度

（一）万科说

1. 万科的初版合伙人制度

2014 年 3 月初，万科首次制定事业合伙人制度，分为三个层次，核心内容如下。

（1）公司持股计划。

万科将滚存下来的集体奖金，委托第三方买公司股票。在创造真实价值的同时，与股东的利益、得失绑在一起，从而解决困扰万科多年的问题——应该将股东还是员工摆在前面。

（2）中间项目跟投。

万科要求项目操作团队必须跟投自己的项目，一般员工可以自愿跟投自己所在团队的项目，也可以跟投集团其他的项目。

（3）底下事件合伙。

万科为解决部门之间的责、权、利边界无法划分清楚的问题，制定事件合伙人制度，即面临某事或项目时，临时组织事件合伙人参与工作任务，事情解决后就解散，临时合伙人回到各自的部门。

2. 万科升级版合伙人制度

2015 年 1 月，万科在初版事业合伙人制度的基础上，于南京浦口 G78 和九龙湖 G83 项目率先试点该制度的 2.0 版本，核心内容如下。

---

① 来自《雇佣时代成为历史！史上最全的合伙人制度详解！》，https://www.sohu.com/a/46176582_115652。

（1）设立合伙制企业，助力市值管理。

①入围条件：遵循自愿原则，EP（经济利润）奖金获得者即可获得成为万科事业合伙人的资格。

EP奖金获得者通常是在一线工作的200多位公司管理层。万科先设立了一家有限合伙制企业——盈安合伙，然后将其作为操作平台，将经济利润奖金账户中的资金委托盈安合伙操作，用于购买万科A股票。因此，公司管理层的利益与万科绑定在一起了，他们会主动关注企业的发展前景，关心企业的市值变化。

②核心团队持股10%，稳固管理层控制权。

根据方案设想，盈安合伙在初期的持股额度约10%（自2014年5月28日首次增持0.33%股份以来，通过11次买入，截至2015年1月27日，盈安合伙持股已经达到4.48%，逼近5%的举牌红线）。

对于股权分散的万科来说，管理层股份增持到10%，有利于稳固管理层的控制权，进一步防止恶意收购。而该计划的实施也向股东和外界表明了管理层积极的进取心，在万科转型阶段提升管理层的决策话语权。

③高管设置出资额度下限，其他员工设置出资额度上限。

万科高管层设定了出资额度的下限，从而保证企业高层和企业发展利益趋于一致。同时，非公司或地方公司高管的员工有出资额度的上限，以避免股票出现大幅波动。具体额度上因城市的不同而不同。

（2）项目跟投：强制跟投机制，放大跟投人决策权。

①跟投机制：一线管理负责人必须跟投，既能提升决策准确性，又能提升项目的经营效益。

万科合伙人制度要求公司的一线管理层和项目负责人必须跟投，并且要求董事、监事不能参与跟投，其他员工可根据自己的意愿参与跟投。该跟投机制有以下优点。第一，与万科集团的高层人士相比，一线的管理层掌握项目的具体情况，熟知项目的风险，从而提升了项目决策的准确性，促进项目的顺利进行。第二，该跟投机制有助于提升跟投项目的经营效率和经营效益。因为合伙人与股东利益趋于一致，员工将更重视经营效益。例如在拿地环节，一线管理层会更加注意成本控制、地块选择等。第三，跟投意味着利益相关性增强，相关团队对待项目设计和市场营销都更积极。

②操盘团队：跟投人对操盘团队拥有更多决策权。

跟投人可以通过投票选择理想团队，拥有更多的决策权，而且项目管理者还拥有协同操盘操作好项目的权利，从而进一步激发大家的跟投意愿和参与热情。备选团队可以是员工自建产生，新项目的操盘者不一定由工程出身的项目经理负责，而是能者居之，负责项目的拿地、开发、运营等环节，员工的工作积极性因此得到激发。

升级版的万科合伙人制度与麦格雷戈的 Y 理论不谋而合：如果给予适当机会，员工将会喜欢工作，并渴望发挥其才能，愿意对工作负责。让员工自立操盘团队，有能力、有经验的人员则有机会发挥自身优势。升级版的万科合伙人制度实现了员工自我价值的实现和企业利润增收的双赢局面。

③回报机制：更快速地实现分红，激励效果更好。

升级版的万科合伙人制度规定，只要项目的累计经营净现金流回正后即可分批次进行分红。为更快速地获得分红，员工在项目施工、销售和回款等方面将更加积极。但是，在如此高周转的刺激下，如何保证项目的质量也将是企业未来需要关注的重点。

（二）作者观点

2014 年 3 月初，万科首次提出事业合伙人制度，并在接下来的 3 个月内先后建立了公司持股计划和项目跟投制度。从目的来说，持股计划主要是为了填补股权意义上的实际控制人缺位，稳固管理层的控制权，从而在一定程度上降低被收购的可能性。项目跟投计划是为了实现进一步的区域放权，允许一线人员自建操盘团队，由跟投人投票表决，提升跟投者的决策权以及员工的积极性。

但是，2 年后的事实表明，万科公开追求的很多东西并没有实现。计划启动没过多长时间，先后有 9 位高管离开公司，之后还有很多分公司的高管也离开了。而且，股东对合伙人计划推行后得到的收益也不满意。后来在万科股东会上，有股东就股价和分红公开质问万科管理层。

究其原因在于万科合伙人制度的核心——跟投制度。万科要求项目操作团队必须跟投自己所在的项目，而员工的选择性更广，既可以自愿跟投自己所在的项目，也可以跟投公司内部的其他项目。这一制度的实行对万科员工收入的提升产生了巨大的影响。2015 年，万科某分公司管理人员因为房价暴涨，获取了高额的跟投分红，远远超过万科股东获得的收益。

但是需要注意的是，一些在三、四线城市的项目因为卖得不好造成收益不高，多数员工害怕利益受损而不跟投，公司强制其跟投可能造成其工作和收益的双重压力。因此，在这些城市，万科需要注意跟投项目的挑选，以免造成负面影响。

就是这样一个制度，为万科的发展埋下了巨大的隐患。做出这样的研判，有以下三方面的原因。

第一，跟投制度使管理层关注的重点偏移。万科在发展的过程中，一直非常重视品牌和客户，在市场上树立了良好的口碑。但是在合伙人制度实施之后，管理层转变成了投资人，这导致管理层片面追求利益，对品牌和客户的重视度下降，进而影响万科的发展。

第二，部分管理层因为跟投制度变得贪婪。据透露，万科的跟投制度有一项内部规定：管理团队拥有营销费用的管理权。正常而言，开发商的管理团队都有营销费用的管理权，但万科的管理团队可以将节省下来的费用作为团队奖励，结果万科的管理团队减少了广告投放。数据显示，2015 年万科在某一线城市的网站投放广告费用仅为 30 万元。

第三，万科合伙人制度的施行改变了万科对投诉及负面信息的处理方式。之前万科积极应对业主投诉，安排人员专门跟进业主在论坛的发帖。但实施合伙人制度后即使有业主在人民网发帖，万科也不再理会了。

甚至可以说，万科被其合伙人制度拉入万丈深渊[①]。

三、复星集团的全球合伙人制度

（一）复星集团说

1. 背景故事

1992年，复星集团成立于上海，以3.8万元起家，截至2021年6月30日，集团总资产达7789亿元，覆盖医药、地产、钢铁、矿业、健康、金融等多个业务板块，在2021福布斯全球上市公司2000强榜单中位列第459位，人称“复星系”。

2017年3月28日，复星国际在港交所挂出一则董事会人员变动公告，复星创始人之一的梁信军辞任在复星管理层和董事会工作。同时复星集团执行董事、高级副总裁丁国其也宣布辞职。复星国际的核心高管辞职瞬间成为社会舆论关注的焦点。

3月29日，复星集团董事长郭广昌率新董事会成员亮相复星国际业绩发布会。除了郭广昌和汪群斌之外，其余六位新生代管理层均是首次亮相业绩发布会，他们分别是两位执行董事兼联席总裁陈启宇（管理健康板块）、徐晓亮（管理快乐板块），三位执行董事兼高级副总裁王灿（财务）、龚平（地产）、康岚（人力和保险），以及高级副总裁钱建农（旅游文化领域）。

梁信军、丁国其的突然辞任，与六位新生代高管的同时亮相，一退一进之间，可见复星集团在人才迭代体系上的持续发力。而这其中，关键词即复星集团竭力打造的全球合伙人制。

---

① 马素：《万科的合伙制竟然压制了营销费用投放!》，《销售与市场（渠道版）》2016年第6期。

2. 复星集团各个阶段的合伙人机制

（1）创业合伙人：五个复旦同学。

1992 年，毕业后留校在复旦大学团委工作的郭广昌离职下海创业，从与复旦大学遗传工程学系毕业的同学梁信军共同创立了上海广信科技发展有限公司，主要做市场调查业务。当时，市场调查是一个新兴行业，二人经过不懈努力，在 1992 年年底做到了百万元的营业收入。1993 年，公司更名为复星，并迎来了三名新的创业合伙人：同是从复旦大学遗传工程学系毕业的汪群斌、谈剑、范伟。此后，复星转型做房产销售，很快赚到了第一个 1000 万元。1995 年，复星把新型基因诊断产品——PCR 乙型肝炎诊断试剂推向市场，这一产品为复星赚到了第一个 1 亿元。复星因此将业务转向生物医药领域和房地产领域。复星医药于 1998 年在上海证券交易所上市，融资约 3.5 亿元。同年，复地（集团）股份有限公司（简称复地）成立，原本的地产业务由销售转为开发，从而形成医药和房地产两大业务板块。此后，复星便进入快速扩张期。

郭广昌在 2016 年《致复星全球合伙人的一封信》中称："直到 1998 年复星医药上市，我们明确了各自的股权比例。但同时我们也都清楚，这个比例不是静态的，是动态的。我们一直希望有更多的人加入进来共同创业，把复星不断做大、做强。"在决策机制上，创业合伙人达成重要共识，"专业的事交给专业的人去做"，这一共识在复星一直沿袭至今。为落实这一点，董事会并不实行一人一票，而是专业人士和一把手的投票权较大。据称，在复地的七人董事会中，只有三人懂房地产，另外四人是外行，如果采用一人一票的机制很容易导致外行领导内行。为此，在董事会决策过程中，四名非专业人士需要提问题和提出反对的理由，专业人士负责详细解答，同时考虑在决策中是否参考非专业人士的意见，最后决策由一把手拍板。①

---

① 梁雯：《复星集团合伙人制度下的激励约束机制探讨》，兰州财经大学硕士论文，2018。

（2）事业合伙人一：股份奖励计划。

随着集团的迅速扩张，复星集团在1995年迎来了两名重要的事业合伙人：一位是丁国其，毕业于上海财经大学会计专业，负责集团的财务工作；另一位是秦学棠，毕业于西南政法大学法学专业，负责集团的法务工作。他们的专业能力填补了公司在财务、法务等方面的缺陷，与创业合伙人能力互补。

2015年年初，复星集团开始施行专业委员会制度，主要由各业务板块的主管领导组成，负责复星集团的投融资业务决策和专业领域议事。建立这一委员会的初衷是加强集团内部各业务板块之间的合作，在做投资决策时从集团整体考虑，而非从单个项目或部门考虑。

2015年起，复星集团针对核心管理人员和业务骨干实行股份奖励计划，激励对象中就包括事业合伙人丁国其和秦学棠。2015年的股份奖励计划针对71名激励对象，授予的股份总量为0.067%；2016年的股份奖励计划针对69名激励对象，授予的股份总量为0.063%。所采用的激励工具为限制性股票，等待期一年，分三次匀速解锁，第一年解锁33%，第二年解锁33%，第三年解锁34%。激励对象无须出资即可获得限制性股票。

（3）事业合伙人二：全球合伙人计划。

2016年，复星集团正式宣布对18名事业合伙人实行全球合伙人计划。全球合伙人的选拔条件强调合伙人必须处于企业家状态，具体标准为：①候选人需要满足一些定性和定量的指标，既要有业务能力，也要有管理能力；②候选人的价值观应该与集团文化保持一致，高度认同复星集团的使命和愿景。

选拔机制为：提名对象为现有的合伙人，提名后再进行综合评审。

此次的合伙人计划是非终身制的，无法通过胜任度考核的人被要求强制退出全球合伙人团队。

复星按行权价格每股11.53港元，向18位公司管理人员授出共1.11亿股普通股购股权，约占复星国际总股本的1.29%。这几位全球核心管理人员，也成为复星集团的首批全球合伙人。①

此次执行计划的授予日为 2016 年 1 月 8 日，有效期为十年。分三期行权：激励对象在授予日第五年起，即在 2021 年 1 月 8 日起，可首次行使 20% 的期权；在授予日第六年起，即在 2022 年 1 月 8 日起，可再次行使 30% 的期权；在授予日第七年起，即在 2023 年 1 月 8 日起，可行使余下尚未被行使（且未失效）的期权。②

（二）作者观点

1. 复星全球合伙人计划的成功原因分析

（1）“企业 + 专业”的文化底色。

复星集团董事长郭广昌多次强调要学习高盛的精英文化，2016 年宣布推行全球合伙人计划就是学习的具体实施。众所周知，高盛集团就用合伙人机制很好地带动企业健康发展。在该机制的激励下，高盛合伙人不仅享有优厚的红利，还可投资公司的私营交易，并可以低价买入高盛的股票。高盛合伙人的身份并非终身制。高盛合伙人身份的获得需要基于其个人商业贡献和文化适应性，每 2 年更新其中的 1/4 到 1/2，而且合伙人数量需长期稳定在 300 人左右。正是由于合伙人身份非终身制，合伙人队伍才得以持续保持竞争力。

高盛经验何以成就复星集团合伙人机制？复星集团的成长历程给了我们答案。只有合适的文化土壤才能酝酿出适宜企业自身发展的合伙人机制，而且创始人从创业伊始就有意识地培养企业家精神，使企业逐渐形成尊重专业、民主的决策的企业文化。

（2）资本平台下的精英激励。

从复星集团的整个创业历程不难发现，在 2008 年之前，复星集团的

---

① 梁雯：《复星集团合伙人制度下的激励约束机制探讨》，兰州财经大学硕士论文，2018。
② 同①。

发展特点是深耕核心产业，力求向多元化产业集团转型。薪酬策略基于多元化产业集团发展，配套基于核心产业发展需要的专项激励，复星医药是这一时期集团的典型代表。随着战略环境的快速变化，迅猛发展的复星集团不仅面对业务转型，所需要的人才机制转型也迫在眉睫。企业初创时，复星集团所依靠的是核心团队成员的决策，传统的管理模式对员工的要求不高，采取一般的人才策略即可实现相应的目标。当企业进入多元化发展阶段时，专业化、精英化的人才团队将成为不可或缺的中坚力量，因此企业应该转为顶尖人才策略。如今，复星集团已经全面进入“保险＋投资”双轮驱动的全球化发展新阶段，迫切需要国际化、以企业家精神为主导的全球合伙人机制。

（3）从“公司＋员工”到“平台＋个人”。

复星集团“中国动力嫁接全球资源”的落点是寻找客户需求、解决客户痛点。为了做到这一点，需要全球最优秀的企业和团队加入，还要从内部产生能够提供符合客户需求产品的团队。而懂资本、懂产业发展且具有全球视野的人才，到哪里都是稀缺资源，这样的人才在原有领域具有高薪酬、高职位的特点，也是各大公司挖角的对象。

复星集团必须设立一套机制，将人才作为资产来管理，加以保值增值。早在复星集团推出全球合伙人机制之前，集团内相关事业板块便已开始实行事业合伙人机制，其核心理念就是把职业经理人变成企业家。

2015 年年初，复星集团开始实行复星专业委员会制度，为其推行全球合伙人机制打下了良好的基础。

2016 年，复星集团正式宣布实行全球合伙人计划。

此次推出的全球合伙人计划同复星集团 2015 年推出的核心人员股份奖励计划有显著的不同。股份奖励计划面向复星集团的核心管理人员以及业务骨干，每年滚动授予，且仍基于“公司＋员工”的定位，个人激励额度主要从员工全面薪酬竞争力的角度考虑。而全球合伙人计划基于“平台＋个人”的定位，面向集团顶层合伙人，从合伙人资源与价值贡献的角度综合考虑个人激励额度。

除了薪酬激励的差异，复星集团对全球合伙人的职责要求与定位期望，也与对职业经理人的有所不同。目前，在复星集团首批全球合伙人中，业务条线与职能条线均有候选人入选。此外，葡萄牙保险公司的外籍高管也在其列，体现出了合伙多元化、全球化的特点。而且，无论年龄大小、地域所在、专业擅长，复星集团每位全球合伙人均将参与集团所有业务和条线的重大决策，对所在业务板块/条线相关事务的重大决策负责，是其专业领域的首要负责人，也代表复星集团在其专业领域的水平。

有趣的是，尽管在集团中占据如此重要的地位、对集团发展有如此深远的影响，全球合伙人与集团其他员工在复星集团内的称呼却并无二致，“同学”是大家共同的身份。集团文化的扁平化，最终使一个合作共享、扁平高效的企业内部经营管理平台模式得以实现。

2. 复星集团不同阶段的不同合伙人制度带来的启示

复星集团的经验说明，在构建公司的合伙人制度以及股权分配制度时需要注意如下事项。

（1）股权分配是动态进行的。

随着集团商业模式的变化、发展阶段的不同、组织结构的调整，股权结构只有保持动态的开放性，才能适应不断变化的商业现实和人才结构调整的现实。

（2）合伙人制度有不同层次。

有早期加入公司的创业合伙人和后期加入公司的事业合伙人，有终身合伙人和非终身合伙人。不同层次的合伙人在权利机制、利益机制和退出机制上会有所区别。

（3）不同层次的合伙人标准不同。

创业合伙人在创业早期加入公司，承担着较大风险，因此在人才标准上更多地强调帅才和能力互补性，在股权分配机制上可以采用完全股权或者限制性股权，一般会要求其必须“出钱+全职创业”；事业合伙人是后期加入公司的，在人才标准上更多地强调将才或专才，在股权分配机制上可以采用限制性股权、期权或分红权（虚拟股）等，事业合伙人不一定要出钱购买股权。

（4）合伙人一定要有考核和退出机制。

在考核方面，除了业绩等硬指标，还要强调创业精神、合伙精神等软指标。除了终身合伙人之外，要根据考核情况保持合伙人的流动性，才能调动人才的积极性。

（5）合伙人制度要考虑组织结构问题。

在合伙人制度的构建过程中要相应地调整授权机制，给予不同层级的合伙人不同的权限，这就要求组织结构做出相应的变化。

四、小米合伙的智慧

（一）小米说

小米自2010年正式成立以来，经历了三个发展阶段。

第一阶段，2010—2014年，第一个5年。以雷军为首的8人组成的合伙人团队，聚焦小米手机这个主营业务，使小米成为市值百亿级的公司。

第二阶段，2015—2019年，第二个5年。经历了新旧合伙人更替之后，合伙人各负责一项业务，有的负责手机业务，有的负责电视业务，有的负责生态链业务，使小米成为最年轻的世界500强企业，并在香港上市。

第三阶段，自2020年起，小米进入新的10年。雷军成立的组织部和参谋部两个部门，组织部负责管理高管和人才引进；参谋部负责协助雷军做战略决策。这标志着小米由个人驱动、合伙人驱动，走向组织驱动。

目前，小米已经经过了多轮融资。按照小米2018年的招股说明书披露，前6大股东分别是创始人雷军、Smart Mobile Holdings Limited、Sunrise

Vision Holdings Limited、Darkway Global Holdings Limited、ARK Trust（Hong Kong）Limited、总裁林斌。

小米采用同股不同权构架，即分为 A 类股份和 B 类股份。对于提呈小米股东大会的任何议案，A 类股份持有人每股可投 10 票，而 B 类股份持有人每股可投 1 票。通过双重股权架构，雷军个人的表决权比例超过 50%，雷军为控股股东，是小米的绝对控制人。从这个股权架构可以看出，小米在早期就进行了 VIE 架构设计。VIE 架构（Variable Interest Entities，VIEs，直译为“可变利益实体”），在国内被称为“协议控制”，是指境外注册的上市实体与境内的业务运营实体相分离，境外的上市实体通过协议的方式控制境内的业务实体，业务实体就是上市实体的 VIEs。小米融资就是直接用国外拟上市实体公司进行融资，包括其联合创始人的股权分配也应该直接体现在该国外拟上市主体中。

（二）作者观点

仔细分析小米公司的合伙关系，我们可以得到如下启示。

1. 股权分配要考虑控制权

股权分配是合伙关系中的基础问题，如今各种股权培训课程开展得如火如荼，大多数创业者对于如何科学合理地进行股权分配已经有了思想观念上的突破。然而，如何联系企业的发展战略规划，结合公司治理结构的完善、投融资的需要，在股东内部权益分配和企业外部发展对于股权的特殊要求之间寻求一种良性处理方式，则是股权分配和股权设计的高阶要求。

从小米的股权结构来看，雷军对于控制权的掌握是毫不含糊的。虽然，雷军集结的是一帮“大牛”[①]，可是他并没有为了促成合作，在创业

① 网络用语，指在某个领域很突出的优秀人物，也指极少数能力超过常人的人或在某个领域非常有影响力的人。

之初就在股权主导权上有丝毫松动，该掌握控制权的时候毫不妥协。

控制权的掌握是处理股权分配时必须要考虑的方面。创始人对控制权的掌握来自两方面。一方面是直接通过股份控制公司。根据《公司法》的规定，公司的重大决策需要股份表决权的2/3才能通过，因此如果要对公司绝对控股，最直接的方式就是持股超过2/3。另一方面是通过其他方式控制公司，比如投票权委托、签署一致行动协议、A/B股等方式，在持股比例比较少的情况下，同样可以实现对公司的控制。

在企业初创阶段可以通过控制股份的方式实现对企业的控制，但是企业经过多次融资之后，股份比例不断被稀释，则有必要采取其他方式实现对企业的控制。阿里巴巴的投票权委托以及京东的A/B股计划就是很好的例子。

雷军在创立小米之前就已经是金山公司的董事长，并且具有十分丰富的投资经验，因此，对于在什么阶段运用什么方式，他应该已有相关的想法和认识。

2. 股权分配应该动态调整

动态是相对于静态而言的。初创企业常常是在瞬息万变的环境中探索发展的，固定的股权分配方式无法适应这样的环境。对于初创企业来说，有太多的因素会促使合伙人团队成员重新审视各自的股权比例。在企业的不同发展阶段，各个生产要素所占的权重是不一样的。因此，为了公平记录各个合伙人在企业发展过程中的贡献，引入股权的动态调整机制是非常重要的。

股权动态调整机制的建立，需要各个合伙人在创业初期就通过协议的方式确定下来。具体来说，要根据企业发展的阶段，综合确定各个生产要素的定价标准，然后将各个合伙人的贡献记录累加，按照约定的里程碑进行股权调整。

可以分别以产品研发成功、产品获得许可销售、公司销售达到×万元、公司获得风险投资、公司市场占有率达到×%为节点设计里程碑。

里程碑的设计需要根据各个初创企业的发展特征、发展阶段、产品特性等综合确定，最好具有明显的可区分性和阶段性。里程碑设计得过密或者过稀都不好：过密会导致股权调整过于频繁，某种程度上会导致合伙人过分关注股权调整；过稀则会导致股权激励性不足。

在生产要素方面，具体可以分为货币、时间、知识产权、人脉资源、设施设备等几大类，根据各个生产要素在不同时期所起的作用的不同，分别确定权重，作为对每个合伙人所做贡献进行评价的依据。

里程碑计划和生产要素的计价方式的确定是股权动态调整的两大核心。除此之外，在完整的股权调整机制中，还需要进一步明确股权的退出回购机制、表决权的行使等。

当然，并不是每个企业都需要启用这种比较精准的动态调整机制，即将各个合伙人的贡献通过准确计量的方式予以确定，进而分配股权。精准的股权动态调整机制适用于那些创业启动资金匮乏，发起人与联合创始人能力不相上下、影响力难分伯仲、创业条件相当，甚至在最开始的时候难以区分谁是发起人、谁是联合创始人的公司。通过这种精准的股权动态调整机制，可以很好地解决股权分配不公平的问题，凝聚人心，帮助公司明确实际控制人和领导人。

而对于像雷军这样的人发起的创业项目，股权动态调整机制可选择抓大放小，适时而动。虽然小米的创业团队群星荟萃，但是雷军的主心骨地位突出，其不论在创业的资金投入、人脉资源引进方面，还是在个人在企业界/投资界的影响力、个人创业精力投入等方面都是团队中的绝对主力。尤其要说明的是，其在创业初期通过内部融资就完成了近 1 亿元的融资，比起很多捉襟见肘的初创企业来说，小米是含着金钥匙出生的“贵族”。因此，在这种情形下，为了形成有效激励，可选择企业发展过程中的一些关键环节，对合伙人的贡献予以确定并通过股权调整的形式加以表现，比如重大战略资源引入或者重要销售渠道搭建成功等。

3. 股权变动事件应预先确定

完美合伙关系的建立和维持，还应充分预知并确定各种有可能导致企业股权变动的情形。根据常规思维，我们通常想到的是死亡、伤残、离婚和退休，但除了这些情况，还有其他情况需要考虑，具体包括以下几方面内容。

（1）合伙人对经营问题存在不可调和的意见分歧，有合伙人提出要退出。

（2）合伙人发生个人或者家庭变故（如破产、残疾、丧失相应专业资格等）。

（3）合伙人表现得太过糟糕，严重影响公司发展。

（4）合伙人想要提前退休，希望退出。

（5）合伙人存在不道德或者违法行为。

对于以上情况，合伙人都应预先制定明确的规定和处理方案。比如某个合伙人工作表现不尽责到什么程度，大家就有理由解除他的职务或者削减他的权益；哪些不道德的行为会成为股权变动的依据；合伙人突然死亡，其股权应该怎么处理；合伙人离婚，其股权应该怎么处理。合伙人将各种有可能导致股权变动的情况预先确定并讨论出相应的解决方式，可以很大程度上减少合伙人纠纷的产生。

4. 股权定价方案要提前协商

确定一个合伙人所持股份的价格，这是为内部进行股权变动制订计划不可或缺的一部分。说起股权定价，大家想到的就是如何对股权进行估值。对股权进行估值有多类方法：第一类为资产基础法，也就是通过对目标企业的所有资产、负债进行逐项估值的方法，包括重置成本法和清算价值法；第二类为相对价值法，主要采用乘数方法，较为简单，如 P/E（市盈率）、P/B（市净率）、P/S（市销率）、PEG（市盈率相对盈利增长比率）及 EV/EBITDA（企业价值倍数）评估法；第三类为收益折现法，包括 FCFF（企业自由现金流）、FCFE（股权自由现金流）和 EVA（经济增长值）折现等。针对不同类型的投资，选择的股权估值方法也应不同。

上述的股权估值方法运用的场景大致为外部股权转让或者公司投融资，需要专门的股权评估机构介入。因为内部原因引起的股权变动，其实最简单也最省钱的方法就是合伙人自己定价，并每隔一两年进行调整。内部股权变动包括股东自行退出、公司回购、股东内部股权转让。

对合伙人来说，可以针对股权发生变动的不同原因分别确定股权定价依据。如果是因为意外、死亡等客观原因发生股权变动，应该考虑股东的历史贡献，选择与市场价格比较接近的价格受让股权；如果是因为股东自身违法违规导致丧失股东资格而退出，股权的回购可以采取惩罚性的方式定价。如果是因为经营理念或者合伙人性格差异导致合作难以为继，则可以选择较为折中的方式进行定价。

总之，内部定价需要坚持的原则就是提前协商，让大家心服口服。如果确实碰到单凭内部定价难以解决的问题，则可以事先确定由哪家评估机构介入处理。

五、海澜之家的外部合伙制

（一）海澜之家说

在目前的男装行业，海澜之家的营收净利遥遥领先其他品牌。

截至2021年第三季度，海澜之家实现营业收入141.56亿元，同比增长20.19%；归属于上市公司股东净利润20.48亿元，同比增长58.70%。这背后离不开其渠道拓展，最疯狂的时候，海澜之家每月开店100余家，占领了国内大部分三、四线城市市场。

渠道的迅速扩展依托于海澜之家独创的合伙人模式。不同于传统的合伙人模式主要靠激发内部团队的动力达到企业的发展目标，海澜之家运用外部合伙人的理念，与加盟商和供应商合伙，最终实现企业快速发展的目的。

（二）作者观点

合伙人模式能够成功进入一家企业，需要企业当家人有较大的格局以及对人性的深刻认识；需要考虑这一模式是否利他，是否能让别人有所得；最后再考虑是否能实现合伙人与企业的共赢共担。海澜之家之所以能让合伙人发自内心地想一起奋斗，关键是做到了以下三个方面。

1. 解决了合伙人的后顾之忧

（1）针对加盟商。

库存、运营和亏本是加盟商身上的“三座大山”。为了解决加盟商的后顾之忧，一是海澜之家不需要加盟商承担库存，而是采用转移风险的方式消化库存，这样就解除了服装行业最大的风险；二是海澜之家加盟商只需出钱、选址，日常运营都由总公司负责，加盟商得到身心解放；三是海澜之家采取了保底的方式，即加盟商只要投资 100 万元，就能得到 5 年保本 100 万元的税前利润。因此，加盟商投资时就不用担心亏损。

（2）针对供应商。

行业有高峰时期，也有低潮时期。海澜之家通过迅速扩张带来了大量且持续的订单，解决了其供应商没活干的问题。即使利润很薄，也能保证供应商在服装行业低谷期生存下去。

2. 明确合伙人利益可期

（1）针对加盟商。

可期的结果是“名利双收”：“名”上有自己的店铺，“利”上有保底的分红。在海澜之家，加盟商既可以当甩手掌柜，又能随着时间的推移积攒业绩，赚得更多。

（2）针对供应商。

可期的结果是生存无忧：即使在市场最差的情况下，海澜之家供应商也能凭借大量的订单获取利润。除此之外，作为海澜之家这样大品牌的供应商，自然能够吸引更多高利润的订单，提升业绩。

3. 明确合伙人规则且共担风险

在海澜之家，合伙人制能成功落地，关键在于激发合伙人齐心奋斗，给企业做增量，共担一部分的风险。这比单纯地分利给合伙人更好。

（1）针对加盟商。

加盟商需要投入100万元以上开店，这对于三、四线城市的加盟商来说基本属于高价加盟。

（2）针对供应商。

海澜之家总公司和加盟商都不用承担库存，实际上是将库存风险转移给了供应商。供应商之所以愿意承担如此高位的库存风险，不仅因为海澜之家设立了专门清库存的品牌，而且供应商能参与分红，作为利润支撑。

解决合伙人后顾之忧，明确合伙人利益可期和明确合伙人风险共担是使加盟商、供应商与企业达成合伙意向的关键。在设计合伙人体系时，企业需要从人性出发，体察合伙人的主要顾虑、核心需求，从而为合伙人在合伙过程中提供源源不断的支持。

六、高盛的百年合伙制

（一）高盛说

1. 背景故事

高盛集团成立之初是一家合伙制公司，在1999年成为上市公司。

1869年，犹太裔商人Marcus Goldman（马库斯·高曼）从德国移民到了美国，他发现了本票经济业务的商机，逐渐建立起本票经济业务。当时的美国还处于金融链的末端，而该业务在当时其实就是那些跑跑腿的工作，以赚取差价为主要盈利模式。公司这样平顺地发展了十几年之后，Goldman 的第三个外孙诞生了，而他也看到他的女婿在公司任职以来对公司的贡献，女婿萨克斯（Sachs）成为高盛公司的第一位合伙人。高盛在本票经济业务上快速发展，逐步成为当时美国的巨头企业。

1894 年，高盛在本票经济业务的营业收入达 6700 万美元，实现爆炸式的增长。这当然离不开 Goldman 的合作伙伴雷曼兄弟，它们之间保持着良好的合作关系，共同操作了一些非常成功的融资项目，获得了高收益的同时也取得了不错的名声。

1917 年，因为战争的因素，Goldman 和 Sachs 家族之间对于德国的一些政见发生了分歧。当时在高盛中有一个不成文的规定——公司每一步的发展，都需要全体合伙人全票通过才可以进行。然后由于双方经常意见不一致，公司举步维艰；因此，Goldman 一气之下离开了公司。随着 Goldman 的离开，高盛与雷曼兄弟的合作也走向破裂。基于业务发展的压力，Sachs 家族开始寻找业务合伙人，然而家族内没有一个人能够代替 Goldman 在公司的地位与能力，他们开始在职业经理人市场上寻找来自外部的合伙人。

高盛的第一个外部合伙人 Waddill Catchings 进入公司，他在投行业务上有非常不错的业绩表现，他的领导风格也比较强势。在他的带领下，高盛建立了高盛交易公司。随着当时一些新技术的发展，股票市场蓬勃发展，高盛交易公司发展非常迅猛，成功上市。但是随着 1929 年全球金融危机的到来，高盛交易公司的股价从最高点的每股 326 美元，一下子跌到了每股 1.7 美元，这对高盛来说几乎是致命的冲击，一代人 30 年积累下来的资产全部付诸东流了。公司高层此时也清楚地意识到，过度集权和用人不当会带来风险。

这之后，高盛迎来了第二个外部合伙人——Sidney Weinberg。他是一个诚信、正直、坚持原则的人，关注风险和公司的可持续发展。在他的带领下，高盛尝试多元化的业务，从 1986 年开始，公司加速全球化发展，需要在新技术方面进行大量的投入。由于合伙制的属性，合伙人会产生这样的想法：投入这么多去拓展业务，万一失败了呢？基于现有的资本，我可以获得还不错的收入，可以确保衣食无忧，那我为什么要去冒可能血本无归的风险呢？高盛的业务发展受制于企业机制，发展的速度逐渐落后于竞争对手，而竞争对手已经通过上市获得了巨额资金以拓展新业务线。1994 年第三季度，高盛的年报出现亏损。在高盛新任合伙人 Jon Corzine 的带领下，经过了几轮内部争论，最终决定推动高盛上市，以解决资金的问题、人的问题以及全球化发展的问题。

2. 合伙制转股份制的原因

高盛从合伙制企业转股份制企业的主要原因如下。

（1）资本扩充的压力。

在利率变动无法确定的时代，当大型企业发债规模或股票规模越来越大时，一个点的估算偏差都可能使投资银行的资金链条变得紧缩，甚至发生大家都不愿意看到的结果——破产。因此，高盛迫于资本扩充的压力，采用了股份制，即以发行股票上市交易的方式迅速提升资本实力。

（2）承担无限责任的风险和压力。

华尔街金融产品不断创新，尤其是金融衍生工具发展迅速，由此形成的杠杆效应放大了证券市场的规模和风险。投资银行如果发生业务失败，也很有可能导致破产。这样的风险在国家经济增长放缓时更加明显，合伙人很有可能私自带走大量公司资源，投奔其他同行。如 1994 年就有大批合伙人离开高盛并带走他们的资金和业务，这无疑给公司造成了巨大的损失。

（3）激励机制的掣肘与人才竞争的压力。

成为合伙制投行的合伙人是对很多优秀业务人员的最大认可和奖励。然而，合伙人的身份在股份制公司中的诱惑性不大，这是因为股份制公司是按盈利提成进行分配的。另外，合伙人身份要经过长时间的等待才能获得。显然，短期获取高额利润更加符合人性，这使得上市公司在人才竞争上比合伙制投行更有优势。

3. 激励与约束机制

（1）薪酬体系。

员工薪酬通常由基本工资、年终红利与长期福利三部分组成。而高盛的薪酬除了基本工资、年终红利、长期福利，还有股东回报率（股东回报率 = 总效益/总股本）。而且，高盛的基本工资标准是基于员工学历水平、技能水平和从业经验、市场供需量和岗位对公司效益的重要性等因素制定的。通常而言，部门经理可以决定下属员工的工资。

（2）激励措施。

股票激励计划、特定捐献计划和合伙人薪酬计划构成了高盛的主要激励措施。股票激励计划的对象为非合伙人的内部员工，持股比例曾经一度高达 80%；特定捐献计划主要针对公司董事会以及由其任命的特定捐献计划委员会所选择的具有特定捐献计划资格的雇员；合伙人薪酬计划主要针对合伙人。

（3）约束机制。

高盛的约束机制主要体现在公司与相关高级管理人员签署各类协议上，包括聘用协议、非竞争协议以及保证协议。例如，高盛证券会与执行董事中参与公司利润分享的有限合伙人签订各类协议，包括聘用协议、非竞争协议及保证协议，下面是这些协议实质性条款的描述。

第一，聘用协议。协议规定，执行董事中参与公司利润分享的有限合伙人应在规定的期限内，全职完成高盛安排的相关事务。双方可以提前 90 天以书面通知的方式解除聘用协议。高盛证券还与其他未参与公司利润分享的执行董事签署类似协议，只是并不确定服务期限。

第二，非竞争协议。①应当保守秘密。凡是参与公司利润分享的有限合伙人均被要求签订该协议，按照高盛在内部信息使用及披露方面的规定去保护和使用这些信息。②要求非竞争。有限合伙人离开高盛 12 个月以内，不得在任何竞争性企业中取得 5% 及以上的利润分享权、投票权或所有权；不得加入竞争对手企业，不得与同高盛有关系的任何活动的协会建立联系。③不得带走现有客户。有限合伙人在离开高盛18个月以内，不得直接或间接，或以任何方式动员曾经合作过的或在高盛工作中熟悉的任何客户与高盛的竞争性企业进行业务合作，或减少、限制与高盛的业务往来；不得干扰或破坏高盛与任何现有或潜在客户的任何关系；更不得动员高盛的任何雇员去申请或接受任何竞争性企业的聘用。④移交客户关系。有限合伙人一旦离开高盛，则被要求在90天的合作期限内采取措施或一切合理的做法维护公司的业务及声誉，维护与合作的客户和公司的业务关系。⑤损害赔偿。一旦有限合伙人在5年内违反上述的非竞争或不得带走现有客户的条款，就必须对高盛做出赔偿，损害赔偿的金额高达1000万~1500万美元。此外，违反规定还会被取消以股权为基础的奖励。

第三，保证协议。为了保障条款得以履行，每份非竞争协议的损害赔偿条款都有最初价值与实际赔偿金额100%等值的股票或其他资产抵押以确保得以实施。每份保证协议在下列任一事件发生时自行终止：①相关执行董事死亡；②相关执行董事离职24个月后；③公司公开招股5周年后。

例外与裁决：上述讨论的损害赔偿及担保安排并不排除高盛有权力就违反非竞争性协议的情况放弃要求赔偿，在保证协议终止后，高盛亦有权就防止违反非竞争协议采取可能的补救措施。聘用、非竞争及保证协议通常规定其产生的任何争端均可通过有约束力的裁决来解决①。

（二）作者观点

1. 高盛合伙人机制的特点

（1）在人员的选拔上，非常强调精英文化。

基本上只有极少数人可以成为高盛的合伙人，而且没有终身制。

（2）扁平组织。

高盛将所有的MD（董事总经理）作为同一级别看待，内部不再区分

① 韩复龄：《投资银行业务》，经济科学出版社，2001。

初级合伙人、高级合伙人，在角色授权上也会相对宽松。利益分配的角度是在高盛上市之后，机制是围绕公司的股票作为核心标的，同时利益分配更强调绩效导向。

高盛的机制并不是一下形成的，而是在高盛面临持续的业务挑战和人才挑战的过程当中，不断思考、不断调整而形成的。

2. 高盛公司的机制转变带来的启示

（1）合伙人个人权力过度集中，对公司业务的长期性发展有一定影响。

一方面是对团队的影响，没有话语权的人不会有很高的积极性；另一方面是过度集权便使得利润可能会很高，但同时也有较大的风险，因此需要在内部的决策机制上进行调整。原来内部的合伙人是分层级的，真正拥有话语权的就是几位资深合伙人，而他们的话语权来源于所持的股比。在将 MD 作为同一级别看待后，合伙人内部不再分为多个层级了，而且合伙人的决策是按照一人一票制进行的，不是按照股比决定话语权的大小。同时，随着高盛全球化业务的发展，更多的决策会以区域为单位进行授权。区域负责人可以对其负责区域的业务和发展情况，在集团整体战略指导下进行相对灵活的调整。在公司内部，因为存在跨区域情况，跨区域之间的合伙人定期举行会议，能够增强相互的了解以促进区域间潜在的业务协同和配合。虽然每个区域发展的侧重点不同，但有一些业务是需要集团整体的资源协同来体现价值的。

（2）在人员规模非常庞大的基础上进一步扩张，尤其是在全球化背景下，不同的区域差异巨大，企业的价值观如何传承？

在 Sidney Weinberg 时代，合伙人的选拔由企业最高领导者决定。随着人员的扩张，合伙人之间都不那么熟悉了，企业核心的价值观如何传承呢？首先，控制合伙人人数总量的占比，基本控制在 1.5% 以内；其次，每两年选拔一次合伙人，选拔期可能长达 7 个月，并由跨部门的同事对被提名者进行评价，保证最大的公平性；最后，通过投票决定合伙人人选。在选拔标准上，除了衡量合伙人在业务方面的贡献，大部分的指标是定性的，包括对于公司价值观的认可。

七、比特大陆的夺权之争

（一）比特大陆说

北京比特大陆科技有限公司（以下简称“比特大陆”）是2013年詹克团与吴忌寒共同出资注册的公司，同期，吴忌寒在开曼群岛注册了比特大陆科技控股公司。

詹克团是芯片设计的高手，吴忌寒是最早进入比特币社区的人，吴忌寒打算投资做矿机，双方的合作条件是：詹克团不拿工资，如能在最短时间内开发出可以高效运行比特币加密算法的ASIC芯片，则詹克团的整个技术团队可以拿到60%的股份。

确定合作后，詹克团带领团队用了约半年的时间研发出了55 nm比特币挖矿芯片BM1380，以及基于BM1380芯片的蚂蚁S1矿机，并出乎意料地大受欢迎。后来随着技术的不断升级，比特大陆也随之成为占据全球3/4市场份额的“矿霸”。

2015年6月，詹克团持股61%，吴忌寒持股22.9%，另有赵肇丰、葛越晟、胡一说三位在2013年比特大陆成立时已登记在册的股东。

2016年10月，公司的股权结构变更为詹克团持股50.29%，吴忌寒持股28.28%，赵肇丰持股8.75%，葛越晟持股5.83%，胡一说持股5.83%，宋文宝持股1.01%，这一股权比例一直持续到2017年8月融资时未发生变化。

2018年9月，公司申请上市的股权结构变更为詹克团持股36%，吴忌寒持股20.25%。比特大陆内部股权之争就连此时发生，具体进程如下。

1. 比特大陆上市搁浅，管理团队矛盾升级

2018年9月，比特大陆首次在港交所提交IPO。但随着港交所相关

政策的变化，比特大陆 IPO 进程被迫中止。

2019 年 3 月，比特大陆通过内部信确认，公司赴港 IPO 申请失败，但同时表示不会放弃上市，未来会在合适的时间重启上市工作。

这次上市搁浅带来的直接影响之一就是管理层组织架构调整，王海超担任比特大陆 CEO，创始人之一的詹克团继续担任公司董事长，另一创始人吴忌寒则只保留了公司董事职衔。

当时的比特大陆内部被分化成两个派系：一派支持吴忌寒押注比特币等数字货币和矿机业务；另一派支持詹克团全力发展人工智能芯片。随着吴忌寒的职位调整，比特大陆暂时被詹克团掌管，人工智能芯片业务迎来大发展。

2. 创始人争权，詹克团“出局”

在发展人工智能芯片业务之余，比特大陆在 2019 年 6 月还被媒体曝光正在重启 IPO，拟转到美股上市。

这次上市很快就因为一场始料未及的创始人争权再次搁浅。2019 年 10 月 29 日，比特大陆创始人吴忌寒发布内部信，告知员工将解除公司另一创始人詹克团在比特大陆的一切职务，即刻生效。

在这封内部信发布的前一天，比特大陆发生了一次关键的工商信息变更，比特大陆董事长詹克团卸任比特大陆法定代表人，由比特大陆联合创始人吴忌寒接任。此外，詹克团也卸任了执行董事。

据媒体报道，被蒙在鼓里的詹克团当时正在带领团队在深圳参加一场活动。就在内部信即将发布的 29 日上午，詹克团才从深圳匆忙回京。

在被比特大陆另一位创始人吴忌寒单方面赶出公司后，詹克团在 11 月 7 日发声反击，称自己“会通过法律途径尽快回到公司，结束这段非常时期，恢复公司的正常秩序”。

3. 纷争仍在继续

随着吴忌寒的上位，比特大陆的业务再次调整。2020 年 1 月，比特大陆被曝出开始裁员，其中研发人员是裁员重点。詹克团曾对此发布公开信，表示坚决反对裁员。

随后，詹克团于2019年12月向福州市长乐区人民法院起诉福建湛华智能科技有限公司（简称“福建湛华”），要求法院确认其持有福建湛华36%的股权，并申请财产保全，请求冻结北京比特大陆科技有限公司持有的“湛华智能”36%的股权份额。这一诉讼得到法院认可。

比特大陆为此发起上诉。2020年3月，福建省福州市中级人民法院驳回了比特大陆及其子公司湛华智能提出的上诉，维持原判。

2020年6月，詹克团撤诉。

（二）作者观点

回顾这场夺权大战不难看出，比特大陆的股权结构处在一个动态变化的过程中。吴忌寒与詹克团的合作在早期堪称完美。吴忌寒的商业表现加上詹克团的技术研发能力，使比特大陆凭借挖矿芯片技术领先的优势成为全球领先的矿机企业。

从外部环境来看，区块链已成为我国核心技术突破口，在这一路向好的风口，比特大陆内部却发生控制权之争，不禁令人扼腕。

叹息之余，我们现在来分析一下吴忌寒逆袭反杀成功的原因何在。

比特大陆2018年公布的招股说明书显示，詹克团是比特大陆的第一大股东，持有约39.89亿B股，占比36%，远超第二大股东吴忌寒的持股数20.25%，二者持股量占上市前已发行股本的56.25%。无论按持股比例还是投票权计算，似乎詹克团拥有对比特大陆的绝对控制权。

除了詹克团和吴忌寒，其余创始人均只有A类股，股权分配情况如下：赵肇丰持股6.26%、葛越晟持股4.18%、胡一说持股4.18%。此外，根据招股说明书的披露情况，比特大陆共计融资3笔，股权占比为9.92%。

因采用“同股不同权”的股权架构，詹克团和吴忌寒均可行使每股10票的投票权。

吴忌寒凭什么扳倒第一大股东詹克团？

第一，这是因为变更法定代表人不一定需要征得原法定代表人同意。根据《公司法》的相关规定，有限责任公司或者股份有限公司变更法定代表人需要由股东会或者董事会做出决议，而原法定代表人不能或者不履行职责，致使股东会、股东大会或者董事会不能依照法定程序召开的，可以由半数以上的董事推选一名董事或者由出资最多或者持有最大股份表决权的股东或其委派的代表召集和主持会议，依法做出决议。

第二，也有可能是因为此前比特大陆创始人和投资方签署过上市对赌协议，然而比特大陆港股 IPO 失败，这导致投资方获得股权赔偿，从而有了更多的话语权，帮助吴忌寒成功上位。对于詹克团和吴忌寒的路线之争，投资人和其他创始人似乎用股权投票做出了自己的选择。吴忌寒得到了其他几个创始人以及投资人的支持，秘密召开股东会或者董事会，形成了变更法定代表人的决议，并在工商部门进行了变更登记。

当创始人有一个极好的项目时，有些危机不一定来自外部，而是可能来自内部，且来自内部的危机更不容易得到化解。比特大陆年营业收入超过 30 亿美元，利润超过 10 亿美元，按常理来讲，所有的股东都能获得丰厚的回报，但也出现了游戏规则问题。所以在巨大的诱惑面前，企业家应当设定好利益游戏的规则①。

八、新东方的"中国式合伙"

（一）新东方说

1993 年，俞敏洪租用了一间 10 平方米的房子，开始了他的创业历程。在事业有了一定起色后，俞敏洪开始寻找合作伙伴。1995 年，俞敏洪的同学徐小平、王强、包凡一、江博等人先后加入新东方。在找到这

---

① 刘永生、陈星：《比特大陆旗下两官微账号注册主体转移　福建湛华部分股权冻结为保詹克团队权益?》，https://baijiahao.baidu.com/s?id=1655449601732497743&wfr=spider&for=pc。

批创业伙伴后，俞敏洪将新东方的各个业务板块下放到每个人手中，开始实行联产承包制。

2001 年，新东方进入组织结构调整、企业蜕变的阶段。该时期的新东方面临的任务是把原来的合伙人变成股东，进行拆分改制，完成真正的股份改造。

在将松散的合伙制度转变成一个严谨的股份结构的过程中，新东方曾面临很多严峻挑战。

第一，每个人到底占多少股份才算合理？

这个问题消耗了大家的很多精力，因为除了王强和徐小平，还有很多对新东方的发展做出突出贡献的核心员工。

第二，股份问题解决后，合伙人各自担任什么职位合适？

之前确定了俞敏洪在新东方一把手的位置，二把手由谁来担任也是一个棘手的问题。徐小平和王强谁也不服谁，相互拉锯了许久。

为了解决设立合伙架构的问题，新东方大概花了 4 年的时间。虽然过程艰辛，但庆幸新东方最终变成了一个名副其实的股份制公司。2006 年 9 月 7 日，新东方在美国纽约证券交易所成功上市。

然而，大家对于分完股份后的权利分配仍存在分歧。由于管理层依旧无法达成共识，最后，核心团队成员有的辞职，有的另起炉灶。徐小平、王强离开新东方，两人创立真格基金，成为业界著名的天使投资人①。

（二）作者观点

1. 合伙人的选择

在选择合伙人时，创业者可以先试着开展业务，哪怕先做一个月也行，然后再把潜在的合伙人拉进来。如果要合伙一起干，有一个前提条

① 视野商学院：《俞敏洪亲自揭秘新东方股权纠纷背后的掐架故事，值得借鉴》，https://www.sohu.com/a/355608548_99940162。

件，就是创业者能够获得合伙人足够的信任。

2. 股权顶层分配机制

合伙人之间最重要的就是股权顶层分配机制。

（1）预留期权池，吸引公司第二代管理者。

当初在划分股份时，俞敏洪得到55%。他凭借自己的长远目光，为新东方未来的发展打下基础，他当时很大度地拿出10%作为代持股份。他之所以这样做是因为新东方需要用这10%的股份吸引更多的后续人才。只有不断有人才涌入，公司才能取得长足的发展。事实证明，俞敏洪确实通过10%的代持股份吸引到了新东方第二代管理者。

（2）用合理的股份增发机制赋予付出更多的人更多的权利。

新东方在上市之前并没有增发股权，因为俞敏洪预留的10%股权正好在公司上市前用完。在新东方上市之后，俞敏洪每年都会申请期权，发给能力卓越、贡献突出的员工。如果薪酬是对于员工当下付出的回报，那么期权则是对于员工未来表现的激励。

其实，合伙制企业也好，创业型公司也好，一开始想要设立一个股权激励机制并不是件容易的事情，因为公司增资扩股必须通过股东大会特别决议，需经过2/3以上有表决权的股东通过。增加的注册资本还需要会计师事务所进行验资，同时变更公司章程，并办理相应的变更登记手续。

公司必须要有一套机制，既可以让合伙人不散伙，也可以让一直在付出的人在公司的权力和利益不断增加，从而形成一个比较稳定的组织。

（3）在不同的企业生命周期，善用不同的人。

作为企业家、管理者，在经营过程中知人善任是一项重要的能力。俞敏洪就善于在新东方的不同发展阶段任用不同的人。

在新东方的起步阶段，俞敏洪纳入的是家族成员，这样他就无须用高额的成本开展业务。在这个过程中，不需要考虑公司组织结构是否合理、公司财务制度是否规范。随着公司的不断发展壮大，新东方引入了王强、徐小平等人，而将文化水平不高、管理经验不足的家族成员“清理”出新东方，并一次性支付了一笔可观的赔偿。

3. “中国式合伙”最终散伙败在缺乏现代企业管理制度

新东方的“三驾马车”俞敏洪、徐小平、王强最终散伙。第一，这说明公司没事先设定具体的管理制度。第二，人情大于规则，用兄弟情义管理公司，来追求共同利益，无法长久。第三，作为最高决策层，如果对于企业怎么走，每个人的权力利益怎么分配等不做明确规定，注定会使企业陷入混乱。

九、华莱士的员工合伙制

（一）华莱士说

截至2019年年底，华莱士的门店达到了惊人的12000多家，超过了肯德基、麦当劳在大陆门店的数量总和，甚至在餐饮行业较艰难的2020年上半年，华莱士仍交出了新增2000余家门店的优秀成绩单。

从濒临倒闭，到发展成万店的规模，本土品牌华莱士到底是如何做到的？这样的成绩归功于华莱士员工合伙制的实施。

1. 创新经营管理方式

目前的餐饮连锁运营管理方式主要有两种：加盟连锁和直营连锁。

餐饮连锁业发展初期，通常会采用加盟连锁这种方式。华莱士作为福建省餐饮连锁业的“开山鼻祖”独创了员工合伙制这种低门槛的加盟方式，以突破发展初期的资金瓶颈，并快速打开市场。很多员工想出去创业，但是没有资金、没有品牌和技术，那加盟连锁就是员工合伙制的一种创新方式。加盟连锁是指连锁门店和总部签订加盟合同，根据合同，总部向加盟商提供商标、商号、经营技术以及销售其产品的特许经营权利。加盟连锁有以下优势：一是给创业者提供一种新的、风险较低的经营方式；二是通过借助社会和民间资本的力量，解决创业者资金短缺的问题；三是品牌宣传力度得到很大提升，并且能快速占据市场。不过，加盟连锁也有劣势：为了获取短期利益，部分加盟商并没有提供同等标准的产品质量和服务，门店的卫生条件也堪忧。这会损害原生品牌的形象，甚至造成原生品牌刚推出就毁誉参半。

直营连锁是指产权单一、管理统一、核算统一的标准化、规范化管理模式。与加盟连锁相比，直营连锁有以下优势：一是总部对各项标准进行统一制定，各门店必须严格落实，总部对各门店进行管控，以便统一化、标准化管理；二是注重品牌和运营；三是实现了高度的供产销一体化。直营连锁助推了餐饮连锁业的市场扩张和份额提升，但存在以下问题：一是总部管控力过强，缺乏灵活性；二是运营成本、资金要求都很高。

基于对加盟连锁和直营连锁这两种经营管理模式优缺点的考量，华莱士采用了具有创新性的经营管理方式——合作经营制。该经营管理模式的重点在于合作。根据企业的市场定位和产品特性，合作方式分为股份合作模式、管理合作模式、社会资源合作模式、人力资本合作模式等。合作经营制综合了加盟连锁和直营连锁的优势，避开了这两种模式的劣势，不但克服了资金短缺问题、解决了人才的“引、育、留”问题，而且通过优化资源配置，降低了投融资风险，最终获得了显著的规模经营效益，提升了品牌影响力，提升了市场份额。

2. 员工合伙制的实施

简而言之，华莱士的员工合伙制就是店不开放加盟，但人可以入伙。由公司总部充当创业平台，并在内部员工以及外部合作者中挑选合伙对象，用众筹资金的方式开店，并将股份对应下放。

（1）股份分配规则。

个人股份不能超过40%。综合员工自身实际情况，设置入股范围为2.5%~40%，原则上允许尽量多的员工入股。

如果个人投资金额较大，公司建议可以采取分散投资的形式，以有效降低风险。如个人准备投资 50 万元，可以分到多个门店进行投资。公司与员工的合作是长期的，不限制投资门店的数量。

（2）合伙对象选拔规则。

华莱士对合伙对象的要求如下：①深入了解华莱士，认可华莱士的品牌和经营模式，并认可公司的合作模式；②有一定的时间和精力参与到公司的经营中，把华莱士当作事业来做；③合伙之前，需参加开店前的专业培训，充分了解华莱士的企业文化和开店流程；④服从公司的统一管理，包括装修、配送、财务、培训等。符合以上条件的，一旦正式成为合作伙伴，可参加多家店的投资与管理。公司对员工创业店免收加盟费，但每年将收取每家门店 1 万元的品牌使用费。

（3）合作流程。

阅读《华莱士开店合作细则》—填写《华莱士合作伙伴申报表》—合作资格审核—参加华莱士合作伙伴专业培训—培训结束后考核—寻找店面（店长班可安排就职）—公司考察店面—签订《华莱士合伙经营协议》—装修与开业筹备—开业经营。

华莱士的员工合伙制实行后，不仅增加了员工收入，而且增强了员工的主人翁意识，让员工从打工者转变为合作者，提升了其工作积极性和对企业的认同感。同时，迅速扩张的门店数量也增加了华莱士的议价筹码。为海量门店提供原料成了华莱士一笔十分稳定的收入，如此庞大的采购量，也保证了华莱士始终能够拿下足够低的采购价格。强大的供应链可以让华莱士不再只是薄利多销，即便在坚持了十多年的平价战略后，仍能保证其市场竞争力。

（二）作者观点

1. 华莱士员工合伙制的制度创新

华莱士的员工合伙制引得福建省乃至全国的连锁餐饮企业争相学习

和模仿。我们认为，华莱士的员工合伙制在如下三个方面进行了创新。

（1）内涵创新。

华莱士的员工合伙制是餐饮行业一项重要的经营管理制度变革，将门店员工纳入合伙人的范畴。员工合伙人要满足“自激励、自协同、自报酬、自目标”四个条件，这既符合员工合伙制的精髓“自助发展，自主发展”，还符合组织内部类市场化竞争的要求。这一经营管理模式和员工管理方式一经推出，便在连锁业中广泛传播开来。

从理论上看，华莱士的员工合伙制将西方的股权、期权激励制度和中国本土的员工管理方法糅合在一起，并进行了优化迭代。该员工合伙制统一了基层员工的权责利关系，从产权和战略层面为门店进行了顶层设计。

（2）内部资本市场与内部类市场化竞争的实现。

员工合伙制有效提升了内部资本市场运作效率，为内部类市场化竞争提供了有利的前提和基础。大型企业在内部资本市场中筹集资金，减少了信息不对称，降低了财务风险，还能提升规模经营带来的效益。当合伙员工想入股但没有足够的资金时，可以选择向集团借贷，也可以用资金低息有偿调剂的方式获取资金。员工合伙制优化了集团人员、资金、采购、市场、信息等资源配置，并渗透到了组织生态的各个方面，悄然打开了华莱士类市场化竞争的局面，使得华莱士整个组织变得异常活跃和有生命力。内部资本市场和内部类市场化竞争相互联动，相互影响，最终相得益彰。无疑，华莱士员工合伙制是促进连锁企业与门店员工双赢的制度变革，华莱士的成功也是员工合伙制的成功。

（3）组织多变量整合的管理控制系统。

员工合伙制是整合集团制度、战略、财务、绩效、全员管理等多变量的管理控制系统，切割真实产权，授权虚拟产权，既考核平台绩效又考核员工绩效，从而降低了运营成本，形成了华莱士的价格优势。员工合伙制构建起了一个包含制度变革、战略整合、具体战术运作、企业文化构建、组织框架调整、数字化管理、各门店授权、业绩成果转化、收益衡量的双向非线性结构。

2. 华莱士员工合伙制的持续改进之路

华莱士的员工合伙制可以在以下三个方面进行优化，以便扩大合伙制优势，进一步促进企业发展。

（1）强化自激励与自协同双规并行机制。

员工合伙制在充分遵循目标管理原则，促使员工自我约束、自我管理和自我激励的前提下，给企业带来了两个层面的变化：一是经营管理方式的变革；二是人才管理理念的飞跃。分工明确、职责清晰的连锁门店员工在全员合伙的理念下，能够通过自我管理、自我激励，最终实现自我价值。

员工合伙制促使员工主动执行企业及其各职能部门的各项规章制度，最终形成“员工—管理制度—产品—市场”的自协同机制。华莱士所打造出的自激励、自协同的战略和组织，为员工合伙制能持续改进提供了可能。

（2）从执行决策到参与决策的话语权演化。

员工合伙制实现了员工到合伙人的转变，基层员工开始拥有一定的话语权，具有历史性的意义。在雇佣制时代，员工只负责执行命令和执行总部的各项规章制度，而难有决策权。当员工成为合伙人之后，基层门店负责人拥有了门店的经营管理权。因此，一旦产品或者经营出现问题，基层门店的店长及副店长对产品质量要负连带责任。同时，员工也有一定的话语权，包括门店的财务权、人事权、经营管理权。员工拥有自主经营和管理的权利，有利于减少总部与门店之间的道德风险问题。因此，员工合伙制持续改进的方向是不断提升员工的话语权以及员工参与决策的程度。

（3）从雇员思维到老板思维的演化。

雇佣制时代，员工被称作“劳动机器”。在这一管理背景下，员工是被动的，“当一天和尚撞一天钟”。但如今，人才成了连锁业发展的核心资源。华莱士的员工合伙制使基层门店员工拥有了自我管理和主动管理的意识，是员工合伙制从物本管理到人本管理的重要演化，也是连锁业经营管理革命的重要改变和创举。

十、韩都衣舍的员工合伙制

（一）韩都衣舍说

韩都衣舍正如其品牌名称中“韩都”二字所示，与韩流[①]的关系可以说密不可分。从 2008 年创立至今，作为第一代淘品牌的领头羊，由于销量高、口碑好，韩都衣舍成为众多电商争相学习的对象。

韩都衣舍的火爆得益于几个方面：彼时互联网的迅猛发展，刚刚“触网”不久的国民于淘宝平台上逐渐高涨的购物热情，韩流的兴起。更为重要的是韩都衣舍自身的成功秘诀。

1. 成功秘诀——合伙人机制土壤

企业愿景：成为全球最有影响力的时尚品牌孵化平台。

企业使命：成就有梦想的团队。

企业组织：充分授权的小组制是合伙人机制的核心。强大牢靠的平台支持、保驾护航的赋能机制，是授权产品小组制自主经营的稳固保障，是产品小组制的运行基础。

激励目的：让员工成为创始人。鼓励产品小组创立新品牌，让每个员工都有机会成为自己品牌的创始人，公司作为赋能平台，真正实现让员工为自己打工。

---

① 广义的韩流包括韩国服饰、饮食等，狭义的韩流通常指韩国电视剧、电影、音乐等娱乐事物的地区性影响。

2. 合伙人机制的核心——产品小组制

（1）产品小组制模式。

产品小组制模式的全称为以产品小组为核心的单品全程运营体系。

具体来说，产品小组制模式是指每一款产品从设计、生产到销售都以产品小组为核心，企划、摄影、生产、营销、客服、物流等相关业务环节相互配合，全程数据化、精细化的运营管理系统。“多款少量，以销定产”，最大限度发挥互联网的优势。产品小组之间独立运营，独立核算，拥有90%以上的决定权，而营销部门、企划部门只负责做大框架下的规则的制定。

每一个产品小组都是一个自主经营体，能够进行独立核算，产品小组内部权责利清晰明确（见图6－1）。公司内部不同产品小组之间构建起良性的竞争机制，这种模式极大地调动了员工的能动性与积极性，可以说，本质上是阿米巴模式的完美应用。产品小组的目标与管理方式如图6－2所示。

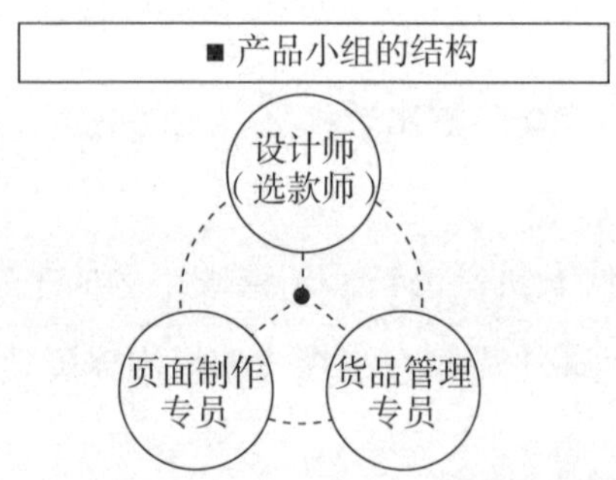

■ 产品小组的权责利

权利：（1）确定款式；
（2）确定尺码及库存深度；
（3）确定基准销售价格；
（4）确定参加哪些活动；
（5）确定打折节奏和深度
责任：确定销售任务目标
（销售额、毛利率、库存周转）
利益：奖金=销售额×毛利率×提成系数

图6－1　产品小组的结构与权责利

（2）产品小组制的形成条件。

产品小组制模式的形成与持续运营主要依赖于三个方面：组织结构的创新、业务流程的精细化、清晰的战略与业务定位。这里主要谈韩都衣舍对组织结构的创新，即形成了“倒金字塔”的组织结构与“大平台＋小前端”的赋能体系。

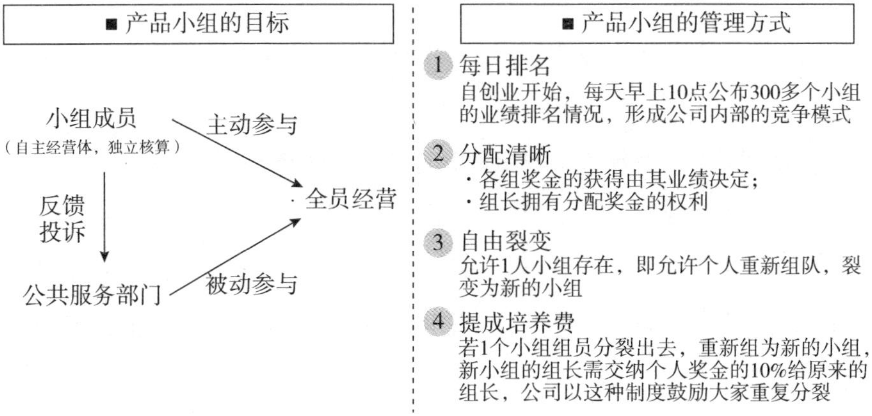

■ 产品小组的目标

小组成员
（自主经营体，独立核算）
主动参与
全员经营
反馈
投诉
公共服务部门
被动参与

■ 产品小组的管理方式

1 每日排名
自创业开始，每天早上10点公布300多个小组的业绩排名情况，形成公司内部的竞争模式

2 分配清晰
· 各组奖金的获得由其业绩决定；
· 组长拥有分配奖金的权利

3 自由裂变
允许1人小组存在，即允许个人重新组队，裂变为新的小组

4 提成培养费
若1个小组组员分裂出去，重新组为新的小组，新小组的组长需交纳个人奖金的10%给原来的组长，公司以这种制度鼓励大家重复分裂

图 6－2　产品小组的目标与管理方式

传统的组织架构是科层制组织架构，权力集中于核心管理层，公司的决策流程机制是自上而下的，运用的是“管理者—中层管理人员—基层执行人员”的形式。这样的组织结构的弊端在于无法对市场变化做出快速的反应，正所谓“天高皇帝远”，只有在前线作战的士兵才清楚地知道前线情形。因此，传统的组织架构自然也就无法与需要面对竞争日益激烈的电商市场的韩都衣舍相契合。

相反，韩都衣舍的产品小组制是将科层制的金字塔结构倒过来，转变为自下而上的模式，成为“以客户为中心、为客户创造价值”的自主经营体。让一线员工有一定的自主决策权，公司高层则负责为每个产品小组提供资源支持。韩都衣舍先成立一个个产品小组，因为产品小组的需求而设立了相应的公共服务部门，所有的公共服务部门围绕着产品小组提供服务。即整个公司成为一个大平台，为前端的每个自主经营体赋能，并提供包括供应链、IT 系统、仓储、客服等的支持服务。

（二）作者观点

经过十几年的发展，韩都衣舍依托互联网平台，借助大数据，形成了基于产品小组制的前台、中台、后台的架构——前台小组快速反应，中台提供智能数据系统，后台搭建品牌运营生态，并逐步向时尚品牌孵化平台转型。作为成功的淘品牌，韩都衣舍的合伙人机制给了我们诸多启示。

1. 短期激励、长期激励相结合的公司激励机制

（1）人员权益划分。

人员权益可划分为产品小组、品牌合伙人和事业合伙人。对于产品小组采用的是现金激励；对于品牌合伙人和事业合伙人采用的是股权加现金激励。

（2）短期现金激励。

短期现金激励的计算方法为：奖金 = 销售额 × 毛利率 × 提成系数。通过每个产品小组独立核算，员工收益与结果挂钩的方式进行激励，不仅可以提高员工的工作动力，而且可以激发员工的创业热情，员工心态也从“为别人打工”转变为“为自己工作”，获得了“企业老板”般的自豪感。

（3）股权激励。

产品小组模式下，韩都衣舍人才辈出。韩都衣舍对产品小组模式下选拔出的部分优秀员工实施股权激励，以达到留住人才的目的。2016 年 12 月，韩都衣舍在新三板挂牌。挂牌前的股权结构如图 6－3 所示。公司成立了 4 个员工持股平台，共计激励人数 155 人，激励股权占挂牌前公司总股本的 5.0400%。

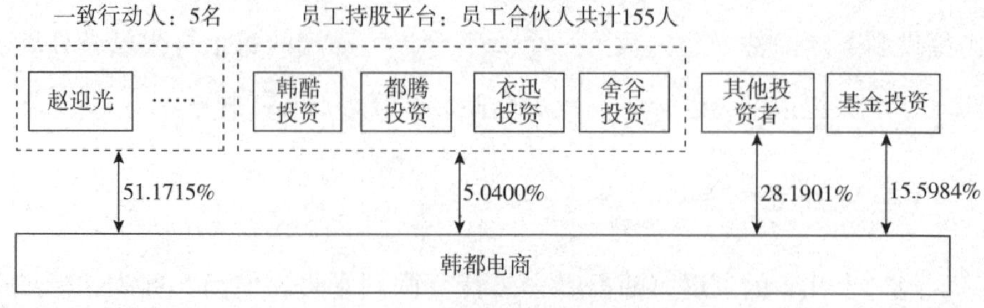

图 6－3　挂牌前的股权结构

（4）品牌合伙人晋升机制。

第一，人员资格。韩都衣舍排名前 10 位的产品小组成员有资格做自己的品牌。

第二，资金支持。给予创立新品牌的人员 500 万元的资金额度。

第三，业绩指标。品牌正式运营 6 个月，才认定创始团队，销售额超过 1 亿元，税后净利润超过 10%。

第四，获授权益。基础的资金 + 提成；团队享有税后净利润 30% 以内的分红作为额外资金；额外创立子品牌的资金支持 1000 万元；成功孵化 2 个 5 万元以上的子品牌，可成立独立的公司，拿到 30% 以内的该品牌股份。

2. 新的挑战与机遇

面对日益激烈的竞争和日新月异的时尚需求，包括韩都衣舍在内的淘品牌纷纷遇到了困境，销售业绩疲软。从外部环境来看，传统品牌服装纷纷上线，不断挤占淘品牌的生存空间。从内部环境来看，韩都衣舍等淘品牌并不能给消费者提供持之以恒的价值感。因此，韩都衣舍自 2019 年起启动了品牌战略升级计划，并制定了一系列措施。

过去，韩都衣舍凭借着合伙人机制，获得了空前的成功。未来，韩都衣舍仍需保持初心，在整个行业转型升级带来的巨大的机遇面前，迎接挑战，打造出深入人心的品牌。

十一、从李子柒事件，看网红和平台的合伙

（一）李子柒说

对于李子柒，大家并不陌生。她是中国美食短视频创作者，她所创作的短视频作品以田园生活为背景，为观众描绘了一幅宁静温馨的山水画卷，也将中华传统文化的魅力传向世界。据说，李子柒全球粉丝量超

过 1 亿人，“李子柒”品牌的 IP 估值超过 20 亿元。

但前段时间，李子柒事件刷爆了网络。有人说，李子柒断更是因为与杭州微念品牌管理有限公司（MCN 公司）存在纠纷。

2021 年 9 月，断更两月有余的李子柒不再保持沉默，接受了新华社的采访。采访中，李子柒依然一袭田园风装扮，依旧云淡风轻。深陷舆论旋涡的她重点回应了关于视频内容的创作和包装问题：“我的所有的内容全部是由我主导，我去构思。”这是正面回应了，“李子柒”这个 IP 能够火起来的原因——视频内容主要靠李子柒个人的打磨和雕琢，而不是 MCN 公司。

关于今后的打算，李子柒说了这样一段话：“我从来也没想过能够到今天这一步……我希望能够尽我所能地去做好我输出的每一个作品。我想让它们成为多少年以后，大家想要去找一个比如说非遗之类的东西，去网上去搜，李子柒做过。然后搜出来的东西，它所有的逻辑，它所有的步骤，它所有的一切都是对的。这个很重要。

“我希望我能真真正正地做好这些事情（传统文化和非遗推广）。而不是说再火急火燎地为了去产出视频，去忙忙躁躁地把它敷衍了事。”

这段话等于回应了网友最关心的问题——她的确和 MCN 公司有矛盾，但不仅仅是因为钱。

2021 年 10 月，一纸诉状揭开了迷雾一角。李子柒把杭州微念品牌管理有限公司和老板刘同明告上了法庭。双方从曾经的相互成就走到对簿公堂。

（二）作者观点

李子柒和 MCN 公司的博弈，其实也是网红和平台的博弈，在此过程中，有三方面的问题值得我们深思。

1. 创业者的追求与资本平台的追求不同

李子柒和 MCN 公司最大的分歧可能在于：作为内容创作者，她有着完美主义倾向，更注重追求作品细节、产品质量和文化传播影响力，相比于将李子柒做成一个商标，她应该更追求成为一个文化符号。而逐利的 MCN 公司更多的是追求利益的最大化。很多打着“李子柒”商标的快消美食产品，通过批量生产和流水线加工，质量参差不齐地送到了粉丝手里，李子柒就这样被裹挟着走上了一条急躁、浮躁且毛躁的快速变现之路，然而这并不是李子柒真正想要的。

2. 股权架构设计的天然缺陷

李子柒和 MCN 公司合伙的股权架构如图 6 -4 所示。

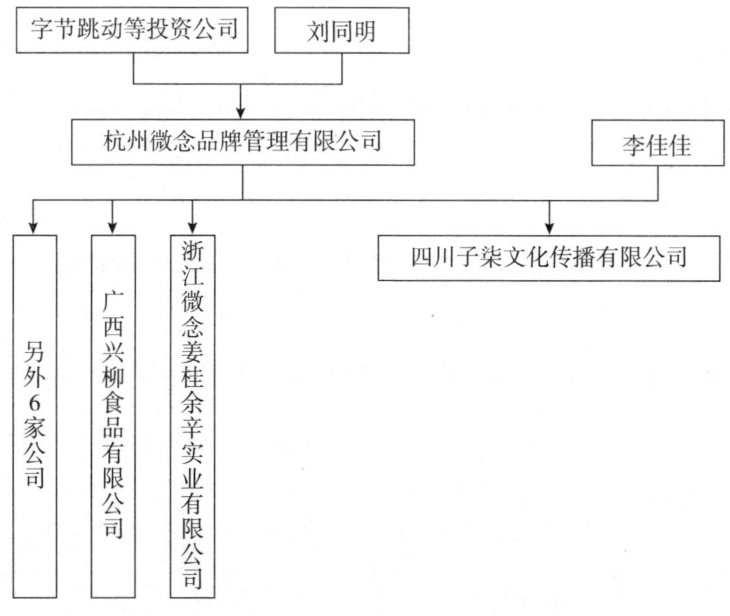

图 6 -4 李子柒和 MCN 公司合伙的股权架构

李子柒（本名：李佳佳）只在四川子柒文化传播有限公司持股，在未来有上市计划的杭州微念品牌管理有限公司却是零持股，而且在供应链公司（如卖螺蛳粉等产品的广西兴柳食品有限公司）也是零持股，这就决定了未来李子柒享受不到公司上市带来的资本溢价，以及关联公司的收益分享，因为关联公司有可能通过关联交易把利润留存在关联公司。

3. 股权数量没有根据价值贡献进行动态调整

网红和平台的合作模式，很容易把曾经的共同奋斗者，放在彼此的对立方。

刚开始，平台拥有绝对的话语权，网红手里是没有谈判筹码的。平台可能会和这些待孵化的网红签订一些比较苛刻的条款。比如，网红只拿很低的基本工资，收入分成平台拿大部分，网红只能拿很少的一部分。

慢慢地，可能有一小部分网红开始被大家关注，有了一定的影响力，还可能会有一两个人脱颖而出，成长为头部网红，他们的商业价值也会随之提升。这时候，粉丝数量、IP 效应、商业价值都会成为他们手里的筹码。他们拥有了筹码，看看手里的“不平等条约”，就有了反抗的底气。此时，被压制已久的矛盾很有可能爆发。双方开始新一轮博弈。

所以，网红和平台应该采用动态合伙的方法，当双方力量对比发生变化后，平台通过主动让出一部分收益的方式，和网红达成一种新的平衡。平台可以主动把公司股份让给网红，让网红成为股东合伙人。

在人力资本的时代，人才逐渐变成决定性因素，资本和人才博弈的天平正在不断向人才倾斜，合伙人制度就是这种倾斜的产物。

附录一

××公司持股平台（有限合伙）合伙协议（范本）

第一章 总则

第一条 根据《中华人民共和国合伙企业法》（以下简称《合伙企业法》）和有关法律、行政法规、规章之规定，经协商一致订立本协议。

第二条 本企业为有限合伙企业，是根据协议自愿组成的共同经营体。全体合伙人愿意遵守国家有关的法律、法规、规章，依法纳税，守法经营。

第三条 本协议中的条款与法律、行政法规、规章不符的，以法律、行政法规、规章的规定为准。

第四条 本协议经全体合伙人签署后生效。合伙人按照合伙协议享有权利，履行义务。

第二章 合伙企业的名称和主要经营场所的地点

第五条 合伙企业名称：____________________

第六条 企业经营场所：____________________

第三章 合伙目的、合伙经营范围及合伙期限

第七条 合伙目的：本合伙企业拟作为员工持股平台投资于公司，旨在激发员工积极性，提升员工团队稳定性，同时保护并实现全体合伙

人的权益。

第八条 合伙经营范围：股权投资、投资管理。

第九条 本合伙企业的合伙期限为________年，自合伙企业营业执照颁发之日起计算。合伙期限届满，经全体合伙人同意，可以延长。

第十条 本合伙企业除对________公司进行股权投资及就该项投资进行管理外，不从事任何其他经营行为。

第十一条 在任何情况下，本合伙企业不得为任何个人、企业或机构提供担保。

第四章 合伙人的姓名或者名称、住所

第十二条 本合伙企业的合伙人共________位，分别是：

（一）普通合伙人：

住所：

身份证号：

（二）有限合伙人：

住所：

身份证号：

（三）有限合伙人：

住所：

身份证号：

（四）有限合伙人：

住所：

身份证号：

（五）有限合伙人：

住所：

身份证号：

（六）有限合伙人：

住所：

身份证号：

……

第五章　合伙人的出资额、出资方式和缴付期限

第十三条　合伙人的出资额、出资方式、缴付期限、入伙条件

（一）本合伙企业全体合伙人认缴的出资总额为________万元。

（二）各合伙人认缴的出资额、出资方式及各自认缴出资额占全体合伙人认缴出资总额的比例如下：

附表 1　　合伙人认缴出资额、出资方式及占总出资额的比例

序号	姓名（名称）	证件号码	出资额（万元）	出资方式	占总出资额的比例（%）
1				货币	
2				货币	
3				货币	
4				货币	
5				货币	
6				货币	
7				货币	
8				货币	
9				货币	
10				货币	
合计	—	—		—	

第十四条　合伙人认缴的出资应当在合伙企业营业执照颁发之日起 15 个工作日内一次性足额缴付。普通合伙人应在合伙企业营业执照颁发之日起 10 个工作日内将缴款账户等信息通知全体合伙人。未按本协议约定缴付出资的合伙人，应当按照本协议第八章及第十二章的约定承担违约责任。

第六章　利润分配和亏损分担方式

第十五条　利润分配方式。利润分配原则上按照各合伙人的出资额比例分配。

第十六条　亏损分担方式。合伙企业的债务应先以合伙财产偿还，合伙财产不足以清偿时，由普通合伙人承担无限连带责任；有限合伙人以其认缴的出资额为限，对合伙企业债务承担责任，但对基于有限合伙人的故意或重大过失形成的债务，普通合伙人承担无限连带责任后，可以向有故意或重大过失的有限合伙人追偿。

第七章　合伙事务的执行

第十七条　普通合伙人执行全部合伙事务。

第十八条　合伙企业之执行事务合伙人应具备如下条件：

（一）系在中华人民共和国境内注册的机构；

（二）为有限合伙企业的普通合伙人。

第十九条　全体合伙人以签署本协议的方式一致同意选择本协议第十二条约定的普通合伙人担任有限合伙企业的执行事务合伙人。

第二十条　执行事务合伙人拥有《合伙企业法》及本协议所规定的对于有限合伙企业事务的独占及排他的执行合伙事务的权利，除法律和本协议明确规定的事项外，有限合伙企业及其投资业务及其他活动之管理、控制、运营、决策的权利全部排他性地归属执行事务合伙人。

第二十一条　执行事务合伙人应基于诚实信用原则为有限合伙企业谋求最大利益。若因执行事务合伙人故意或重大过失行为，致使有限合伙企业受到损害，执行事务合伙人应向有限合伙企业承担赔偿责任。

第二十二条　普通合伙人执行合伙事务不收取报酬。

第二十三条　普通合伙人执行合伙事务所产生的收益归合伙企业，所产生的费用和亏损由合伙企业承担。

第二十四条　有限合伙人不执行合伙事务，不得对外代表合伙企业。但有限合伙人的下列行为不视为执行合伙事务：

（一）参与决定普通合伙人入伙、退伙；

（二）对企业的经营管理提出建议；

（三）参与选择承办合伙企业审计业务的会计师事务所；

（四）获取经审计的合伙企业财务会计报告；

（五）对涉及自身利益的情况，查阅合伙企业财务会计账簿等财务资料；

（六）在合伙企业中的利益受到侵害时，向有责任的合伙人主张权利或者提起诉讼；

（七）执行事务合伙人怠于行使权利时，督促其行使权利或者为了本企业的利益以自己的名义提起诉讼；

（八）依法为本合伙企业提供担保。

第二十五条　有限合伙人不得自营或者同他人合作经营与________公司相同或类似的、相竞争的业务；有限合伙人不得到从事与________公司相同或类似的、相竞争业务的单位任职或接受其聘任；全体合伙人不得从事损害________公司利益的活动。

违反此条的合伙人，应当除名。

第八章　入伙与退伙

第二十六条　除合伙协议另有约定外，新合伙人入伙，应当经普通合伙人的同意，并依法订立书面入伙协议。

订立入伙协议时，原合伙人应当向新合伙人如实告知原合伙企业的经营状况和财务状况。

第二十七条　入伙的新合伙人与原合伙人享有同等权利，承担同等责任。入伙协议另有约定的，从其约定。

新入伙的有限合伙人对入伙前有限合伙企业的债务，以其认缴的出资额为限承担责任。

第二十八条 合伙人有本款以下所有项的情形之一，属当然退伙。

（一）作为合伙人的自然人死亡或者被依法宣告死亡；

（二）作为合伙人的法人或者其他组织依法被吊销营业执照、责令关闭、撤销，或者被宣告破产；

（三）法律规定或者合伙协议约定合伙人必须具有相关资格而丧失该资格；

（四）有限合伙人在合伙企业中的全部财产份额被人民法院强制执行。

上述退伙事由实际发生之日为退伙生效日。

第二十九条 有限合伙人有下列情形之一的，普通合伙人可以决定将其除名：

（一）未履行或未足额履行出资义务；

（二）因故意或者重大过失给合伙企业或________公司造成损失；

（三）违反本协议第二十四条之规定；

（四）合伙协议规定的其他情形。

第三十条 对合伙人的除名的决定或决议应当书面通知被除名人。被除名人接到除名通知之日，除名生效，被除名人退伙。被除名人对除名决议有异议的，可以自接到除名通知之日起 30 日内，向人民法院起诉。

第三十一条 在合伙企业存续期间，除发生下列情形外，合伙人不得退伙：

（一）合伙协议约定的退伙事由出现；

（二）经全体合伙人一致同意；

（三）发生合伙人难以继续参加合伙的事由；

（四）其他合伙人严重违反合伙协议约定的义务。

普通合伙人退伙后，对基于其退伙前的原因发生的合伙企业债务，承担无限连带责任；退伙时，合伙企业财产少于合伙企业债务的，该退伙人应当依照本协议的规定分担亏损。有限合伙人退伙后，对基于其退伙前的原因发生的有限合伙企业债务，以其退伙时从有限合伙企业中取回的财产承担责任。

第三十二条　经全体合伙人同意，普通合伙人可以转变为有限合伙人，或者有限合伙人可以转变为普通合伙人。

有限合伙人转变为普通合伙人的，对其作为有限合伙人期间有限合伙企业发生的债务承担无限连带责任。普通合伙人转变为有限合伙人的，对其作为普通合伙人期间合伙企业发生的债务承担无限连带责任。

第九章　财产份额及其转让

第三十三条　有限合伙人可以将其持有的合伙企业财产份额转让给普通合伙人或普通合伙人认可的第三方，转让价格为公司上一年度的每股账面净资产。如果公司在国内 A 股上市，则按照公允价格执行，具体价格确定方案届时另行制定。

第三十四条　经普通合伙人同意后，合伙人向合伙人以外的人转让其在合伙企业中的财产份额的，其他合伙人放弃在同等条件下的优先购买权。

第三十五条　合伙人向其他合伙人转让其部分财产份额，普通合伙人（或指定的合伙人）有优先购买权，并应当通知其他合伙人。

第三十六条　有限合伙人转让其在合伙企业的全部财产份额即为退伙。

第三十七条　合伙人的自有财产不足清偿其与合伙企业无关的债务的，该合伙人可以以其从合伙企业中分取的收益用于清偿；债权人也可以依法请求人民法院强制执行该合伙人在合伙企业中的财产份额用于清偿。

第三十八条　人民法院强制执行合伙人的财产份额时，应当通知全体合伙人。在同等条件下，普通合伙人（或指定的合伙人）有优先购买权。

第三十九条 合伙人不得将其在合伙企业中的财产份额出质。合伙人违反此条出质财产份额的，其行为无效，由此给善意第三人造成损失的，由行为人依法承担赔偿责任。

第四十条 合伙人死亡或者被依法宣告死亡的，对该合伙人在合伙企业中的财产份额享有合法继承权的继承人，按照合伙协议的约定或者经全体合伙人一致同意，从继承开始之日起，取得该合伙企业的合伙人资格。

有下列情形之一的，合伙企业应当向合伙人的继承人退还被继承合伙人的财产份额：

（一）继承人不愿意成为合伙人；

（二）法律规定或者合伙协议约定合伙人必须具有相关资格，而该继承人未取得该资格；

（三）合伙协议约定不能成为合伙人的其他情形。

第十章　争议解决办法

第四十一条 合伙人履行合伙协议发生争议的，合伙人可以通过协商或者调解解决。不愿通过协商、调解解决或者协商、调解不成的，直接向本合伙企业所在地人民法院起诉。

第十一章　合伙企业的解散与清算

第四十二条 合伙企业有下列情形之一的，应当解散：

（一）合伙期限届满，合伙人决定不再经营；

（二）全体合伙人决定解散；

（三）合伙人已不具备法定人数满 30 天；

（四）合伙协议约定的合伙目的已经实现或者无法实现；

（五）依法被吊销营业执照、责令关闭或者被撤销；

（六）合伙协议约定的其他解散事由出现；

（七）法律、行政法规规定的其他原因。

第四十三条 合伙企业按《合伙企业法》的规定进行清算。清算期间，合伙企业存续，不得开展与清算无关的经营活动。

合伙企业财产在支付清算费用和职工工资、社会保险费用、法定补偿金以及缴纳所欠税款、清偿债务后的剩余财产，依照合伙协议的规定进行分配。

第四十四条 清算结束后，清算人应当编制清算报告，经全体合伙人签名、盖章后，在15日内向企业登记机关报送清算报告，申请办理合伙企业注销登记。

第十二章 违约责任

第四十五条 普通合伙人未按照本协议约定执行合伙事务，导致合伙企业或其他合伙人遭受重大经济损失的，其应对合伙企业或者其他合伙人承担相应赔偿责任。

第四十六条 任何一方违反本协议约定，导致合伙企业或者其他合伙人产生任何费用、开支、责任或损失，则其均应向合伙企业或者其他合伙人承担赔偿责任。

第十三章 其他事项

第四十七条 本协议未尽事宜，经全体合伙人（包括普通合伙人）协商一致可另行签署补充协议。补充协议视为本协议不可分割的一部分，任何对合伙协议的指称或对合伙协议条款的援用，均应完整包括本协议及其补充协议。

本协议未约定但补充协议有约定的，以补充协议或后续协议为准；补充协议未约定，但本协议有明确约定，按本协议执行；本协议与补充协议均有约定但约定内容不一致的，应以补充协议的约定为准。

第四十八条 本协议一式________份，经全体合伙人签署后生效；每位合伙人各执一份，合伙企业保存一份，合伙企业登记机关保存一份，每份均具有同等效力。

第四十九条 本协议未尽事宜，按国家有关法律法规执行。

全体合伙人签署：

普通合伙人（盖章）：

委派代表/授权代表（签字）：

有限合伙人（签字）：

年　　月　　日

| 附录二 |

股权转让协议（范本）

转让方：____________________（以下简称“甲方”）

受让方：____________________（以下简称“乙方”）

鉴于甲方在____________________公司（以下简称标的公司）合法拥有________股权，现甲方有意转让其在标的公司________股权。

鉴于乙方同意受让甲方在标的公司拥有________股权。

鉴于标的公司股东会决议也同意由乙方受让甲方在标的公司拥有的股权，其余股东同意该权利受让行为并放弃对该部分转让权利的优先受让权。

甲乙双方经自愿、平等、友好协商，就标的公司股权转让事宜，达成如下协议：

第一条　股权转让

（一）甲方同意将其在标的公司所持部分股权，即标的公司注册资本的转让给乙方，乙方同意受让。

（二）甲方同意出售而乙方同意购买股权，包括该股权项下所有的附带权益及权利，且上述股权未设定任何（包括但不限于）留置权、抵押权及其他第三者权益或主张。

第二条　股权转让价格及价款的支付方式

（一）甲方同意根据本合同所规定的条件，以________元将其在标的公司拥有的股权转让给乙方，乙方同意以此价格受让该股权。

（二）乙方同意自本协议生效之日起________日内与甲方就全部股权转让款以货币形式完成交割。

第三条　甲方声明

（一）甲方为本协议第一条所转让股权的唯一所有权人。

（二）甲方作为标的公司股东已完全履行了公司注册资本的出资义务。

第四条　乙方声明

（一）乙方以出资额为限对标的公司承担责任。

（二）乙方承认并履行标的公司修改后的章程。

（三）乙方保证按本合同第二条所规定方式支付股权转让款。

第五条　股权转让有关费用和变更登记手续

（一）双方同意办理与本合同约定的股权转让手续所产生的有关费用由________方承担。

（二）乙方支付全部股权转让款后，双方办理股权变更登记手续。

第六条　有关股东权利义务

（一）从本协议生效之日起，甲方不再享有转让部分股权所对应的标的公司股东权利，同时不再履行该部分股东义务。

（二）从本协议生效之日起，乙方享有标的公司持股部分的股东权利并履行股东义务。必要时，甲方应协助乙方行使股东权利、履行股东义务，包括以甲方名义签署相关文件。

第七条　协议的变更和解除

发生下列情况之一时，可变更或解除本协议，但甲乙双方需签订变更或解除协议书：

（一）由于不可抗力或由于一方当事人虽无过失但无法防止的外因，致使本协议无法履行；

（二）一方当事人丧失实际履约能力；

（三）由于一方违约，严重影响了另一方的经济利益，使合同履行成为不必要；

（四）因情况发生变化，当事人双方经过协商同意；

（五）合同中约定的其他变更或解除协议的情况出现。

第八条　违约责任

（一）如协议一方不履行或严重违反本协议的任何条款，违约方须赔偿守约方的一切经济损失。除协议另有规定外，守约方亦有权要求解除本协议及向违约方索取赔偿守约方因此蒙受的一切经济损失。

（二）如果乙方未能按本合同第二条的规定按时支付股权转让款，每延迟一天，应按延迟部分价款的________‰支付滞纳金。乙方向甲方支付滞纳金后，如果乙方的违约给甲方造成的损失超过滞纳金数额，或因乙方违约给甲方造成其他损害的，不影响甲方就超过部分或其他损害要求赔偿的权利。

第九条　保密条款

（一）未经对方书面同意，任何一方均不得向其他第三人泄漏在协议履行过程中知悉的商业秘密或相关信息，也不得将本协议内容及相关档案材料泄漏给任何第三方。但法律、法规规定必须披露的除外。

（二）保密条款为独立条款，不论本协议是否签署、变更、解除或终止等，本条款均有效。

第十条　争议解决条款

甲乙双方因履行本协议所发生的或与本协议有关的一切争议，应当友好协商解决。如协商不成，任何一方均有权按下列第________种方式解决：

（一）将争议提交________仲裁委员会仲裁，按照提交仲裁时该会现行有效的仲裁规则进行仲裁。仲裁裁决是终局的，对甲乙双方均有约束力。

（二）向甲方所在地人民法院起诉。

第十一条　生效条款及其他

（一）本协议经甲乙双方盖章之日起生效。

（二）本协议生效后，如一方需修改本协议的，须提前 10 个工作日以书面形式通知另一方，并经双方书面协商一致后签订补充协议。补充协议与本协议具有同等效力。

（三）本协议一式四份，甲乙双方各执一份，其余送有关部门审批或备案，均具有同等法律效力。

（四）本协议于______年______月______日订立于_____________。

甲方：	乙方：
代表人：	代表人：
年　　月　　日	年　　月　　日

附录三

委托持股协议（范本）

甲方（委托方）：

证件号：

住所：

乙方（受托方）：

法定代表人：

注册地址：

甲方以下简称“委托方”，乙方以下简称“受托方”，甲乙双方经友好协商于______年______月______日，就委托持股有关事宜签署如下协议条款：

一、委托持股及股权归属

（一）委托方同意根据本协议规定的条款和条件，委托受托方以受托方名义持有委托方所有的________公司（以下简称“公司”，现注册资本为________万元）股权，代持股权为投资额________万元，代持股权占公司________（对应________万元的注册资本）的股权（以下简称“指定股权”）；受托方同意根据本协议规定的条款和条件接受委托方委托，以自己的名义持有指定股权。

（二）双方在此确认：

1. 自______年______月______日起，因持有指定股权而产生的在公司的股东权利、利益、义务和责任均由委托方享有并承担；指定股权不属于受托方自有财产，受托方仅作为公司名义上的股东，不享有因持有指定股权而产生的相应股东权益，亦不承担相应的亏损和责任。

2. 受托方因自身债务而导致纠纷、诉讼可能导致指定股权被冻结、查封、拍卖、变卖或受到其他损失时，应书面通知委托方，并向相关债权人、诉讼法院说明指定股权的性质，确保指定股权不被冻结、查封、拍卖、变卖或遭受损失。

二、股东权利的行使

（　）基于指定股权而产生的在公司所享有的股东权利及义务，均由委托方享有并承担。股东权利包括但不限于公司股东享有的下述权利：

1. 以转让、赠予、出资、质押、抵押、托管、租赁等可能使指定股权所有权发生转移或受到限制的任何方式处置指定股权；

2. 公司股东会出席、召集及表决权；

3. 股东会提案权；

4. 公司董事、监事提名权；

5. 分红权；

6. 公司剩余财产分配权；

7. 根据法律、法规及公司章程，作为公司股东应享有的其他权利。

（二）委托方在行使上述公司股东权利时，受托方应给予无条件配合和协助（包括但不限于向委托方或委托方指定的其他出具授权委托书或出具法律、法规性文件要求的各项有关法律文件等），将上述股东权利授予委托方或委托方指定的他方。

（三）委托期限内，若委托方转让指定股权，公司实施分红、送股、转增股本，该等权利及收益由委托方享有。其中的分红款、股权受让款、现金分红款，受托方应出具委托指令，委托公司、付款方将其直接付至委托方账户，若公司、付款方直接付给受托方的，受托方应在到账之日起3个工作日内全额划至委托方指定账户；送股及转增股本作为委托财产，由受托方按本协议规定代为持有。

（四）未经委托方书面同意，受托方不得自行或授权委托方以外的其他单位或个人行使公司股东权利。

（五）委托方作为指定股权的实际出资人，在受托方不能或因其他任何原因未行使指定股权相应的股东权利时，委托方有权依据本协议直接行使相应股东权利而不需要受托方的另行授权。

三、股权处置

（一）指定股权的质押、托管、转让（包括赠予）等事项由委托方决定，未经委托方同意，受托方无权将指定股权质押、托管、转让给委托方以外的其他单位及个人，或以投资、置换等任何其他方式处置指定股权。

（二）委托方拟转让指定股权时，受托方应给予无条件配合，包括提供相关法律文件，配合委托方办理股权过户有关手续等。

（三）委托方拟以指定股权提供质押时，受托方应给予无条件配合，包括按委托方意志与质押权人签署股权质押合同及相关法律文件，配合委托方办理质押登记有关手续等。

（四）委托方拟将指定股权托管给他人时，受托方应给予无条件配合，包括按委托方意志与受托人签署股权托管合同及其他相关法律文件，配合委托方办理托管手续等。

四、委托期限

委托期限自本协议生效之日开始至下述情形之一发生之日终止：

（一）指定股权已全部完成股权交割过户手续，已登记至委托方或委托方指定的他方名下。

（二）受托方按照委托方指令，将指定股权全部出售，并将股权转让款全部划至委托方指定账户。

（三）本协议被委托方解除。

五、保密义务

（一）各方同意并承诺，除非本协议中有明确规定或经另一方同意，任一方均不得擅自向任何其他个人或单位泄露本协议或相关事宜，与本协议有关的任何信息，在确实需要对外披露时，应经双方协商一致。

（二）各方均有义务在现在和将来不以任何方式故意或过失泄露在洽谈、进行过程中获知的对方及公司商业秘密，除非：

1. 该秘密被秘密拥有者一方公开而进入公众所知领域；

2. 经秘密拥有者一方事前书面同意；

3. 执行不可上诉的法院判决裁定以及仲裁裁决；

4. 履行国家法律、法规明义规定的义务。

六、违约责任及责任免除

（一）双方均应严格信守本协议，任一方违反本协议，应当承担违约责任，并赔偿对方由此造成的所有经济损失。

（二）发生不可抗力事件或国家法律、法规发生重大变化导致协议一方或双方确实不能履行本协议规定义务的，发生不可抗力或受国家法律、法规变化影响的一方在事实发生之日起10个工作日内书面通知另一方并提供有效证明文件，则可免除承担违约责任。

七、协议效力及其他

（一）本协议自委托方、受托方签署之日起生效，本协议一经生效，任一方均无权单方解除本协议或终止本协议的继续履行，否则，应承担违约责任。

（二）本协议适用中华人民共和国法律，凡因履行本协议所发生的争议，协议双方应友好协商解决，协商不能解决的，任一方均有权向有管辖权的人民法院起诉。

（三）本协议经委托方、受托方协商一致，可以书面方式变更、终止或解除。

（四）本协议一式三份，具有同等法律效力。双方各持一份，________公司留存一份。

甲方：（盖章）　　　　　　　　　　　　乙方：（签字）

法定代表人
（或授权代表）签字：

日期：　　　　　　　　　　　　　　　　日期：

附录四

合伙企业（有限合伙）合伙人大会议事规则

第一章　总则

第一条　为规范合伙企业（有限合伙）（以下简称“合伙企业”）及合伙企业合伙人的合法权益，明确合伙人大会的职责权限，保证合伙人大会依法行使职权，依据《中华人民共和国合伙企业法》（以下简称《合伙企业法》）和《合伙企业（有限合伙）合伙协议》（以下简称《合伙协议》）及其他有关的法律、法规，特制定本规则。

第二条　合伙企业应严格按照法律、行政法规、本规则及《合伙协议》的相关规定召开合伙人大会，保证合伙人能够依法行使权利。合伙企业执行合伙人应切实履行职责，认真、按时组织合伙人大会，确保合伙人大会正常召开和依法行使职权。

第三条　本议事规则适用于合伙企业年度合伙人大会和临时合伙人大会（以下统称“合伙人大会”）。

第二章　合伙人大会的一般规定

第四条　合伙人大会是合伙企业的权力机构，依法行使下列职权：

（一）决定合伙企业的经营方针和投资计划；

（二）选举和更换执行合伙人，决定有关执行合伙人的管理费和业绩报酬事项；

（三）审议合伙企业处分重大资产的事项；

（四）审议批准合伙人向合伙人以外的人转让其在合伙企业中的财产份额的事项；

（五）审议批准合伙人以其在合伙企业中的财产份额出质的事项；

（六）审议批准合伙企业的利润分配方案和弥补亏损方案；

（七）对合伙企业增加或者减少出资做出决议；

（八）审议批准执行合伙人年度事务的执行报告；

（九）对合伙企业解散、清算或者变更合伙企业形式做出决议；

（十）修改《合伙协议》；

（十一）对合伙企业聘用、解聘会计师事务所、律师事务所等中介机构做出决议；

（十二）审议批准合伙企业对外的担保事项；

（十三）审议批准普通合伙人与合伙企业进行交易事项；

（十四）审议批准新合伙人入伙和合伙人退伙事项；

（十五）审议批准合伙人除名事项；

（十六）审议批准普通合伙人与有限合伙人的转变的事项；

（十七）审议批准合伙企业营业期限的延长或缩短的事项；

（十八）审议批准普通合伙人利润转增为合伙企业增资的事项；

（十九）审议批准合伙企业一次性对外划款、提取现金超过人民币100 万元或者超过总投资的 10% 的事项；

（二十）审议批准合伙企业决策委员会的成立与组成；

（二十一）审议批准合伙企业对外财产份额投资；

（二十二）审议法律、行政法规、部门规章或《合伙协议》规定应当由合伙人大会决定的其他事项。

第五条 合伙人大会分为年度合伙人大会和临时合伙人大会。年度合伙人大会每年召开 1 次，应当于上一会计年度结束后的 6 个月内举行。

第六条 有下列情形之一的，合伙企业在事实发生之日起 15 日内召开临时合伙人大会：

（一）本合伙企业专家评审委员会过半数委员同意执行合伙人递交的拟投资项目的；

（二）执行合伙人认为必要时；

（三）单独或者合计持有合伙企业 10% 以上财产份额的有限合伙人请求时；

（四）法律、行政法规、部门规章或《合伙协议》规定的其他情形。

第七条　合伙企业召开合伙人大会时将聘请律师对以下问题出具法律意见：

（一）会议的召集、召开程序是否符合法律、行政法规、本规则以及《合伙协议》；

（二）出席会议人员的资格、召集人资格是否合法有效；

（三）会议的表决程序、表决结果是否合法有效；

（四）应合伙企业要求对其他有关问题出具的法律意见。

第三章　合伙人大会的召集

第八条　执行合伙人应当在本规则第五条、第六条规定的期限内按时召集合伙人大会。

第九条　单独或者合计持有合伙企业 10% 以上财产份额的有限合伙人有权向执行合伙人请求召开临时合伙人大会，并应当以书面形式向执行合伙人提出。执行合伙人应当根据法律、行政法规和《合伙协议》的规定，在收到请求后 10 日内提出同意或不同意召开临时合伙人大会的书面反馈意见。

执行合伙人同意召开临时合伙人大会的，应当在做出执行合伙人决议后的 5 日内发出召开合伙人大会的通知，通知中对原请求的变更，应当征得相关有限合伙人的同意。

执行合伙人不同意召开临时合伙人大会，或者在收到请求后 10 日内未做出反馈的，连续90日以上单独或者合计持有合伙企业10%以上财产份额的有限合伙人可以自行召集和主持。

第十条 有限合伙人决定自行召集合伙人大会的，须书面通知执行合伙人。

在合伙人大会决议公告前，召集有限合伙人持有合伙企业财产份额比例不得低于10%。

第十一条 有限合伙人自行召集的合伙人大会，会议所必需的费用由合伙企业承担。

第四章 合伙人大会的提案与通知

第十二条 提案的内容应当属于合伙人大会职权范围，有明确议题和具体决议事项，并且符合法律、行政法规、本规则和《合伙协议》的有关规定。

第十三条 合伙企业召开合伙人大会，执行合伙人以及单独或者合并持有合伙企业3%以上财产份额的有限合伙人，有权向合伙企业提出提案。

单独或者合计持有合伙企业3%以上财产份额的有限合伙人，可以在合伙人大会召开10日前提出临时提案并书面提交召集人。召集人应当在收到提案后2日内发出合伙人大会补充通知，公告临时提案的内容。

除前款规定的情形外，召集人在发出合伙人大会通知公告后，不得修改合伙人大会通知中已列明的提案或增加新的提案。

合伙人大会通知中未列明或不符合本规则第十二条规定的提案，合伙人大会不得进行表决并做出决议。

第十四条 召集人应在年度合伙人大会召开20日前以公告方式通知各合伙人，临时合伙人大会应于会议召开15日前以公告方式通知各合伙人。

第十五条 合伙人大会的通知包括以下内容：

（一）会议的时间、地点和会议期限；

（二）提交会议审议的事项和提案；

（三）以明显的文字说明，全体合伙人均有权出席合伙人大会，并可以书面委托代理人出席会议和参加表决，该合伙人代理人不必是合伙企业的合伙人；

（四）有权出席合伙人大会合伙人的财产份额登记日；

（五）会务常设联系人姓名、电话号码。

合伙人大会通知和补充通知中应当充分、完整披露所有提案的全部具体内容。

合伙人大会采用网络或其他方式的，应当在合伙人大会通知中明确载明网络或其他方式的表决时间及表决程序。合伙人大会网络或其他方式投票的开始时间，不得早于现场合伙人大会召开前一日下午3：00，并不得迟于现场合伙人大会召开当日上午9：30，其结束时间不得早于现场合伙人大会结束当日下午3：00。

财产份额登记日与会议日期之间的间隔应当不多于7个工作日。财产份额登记日一旦确认，不得变更。

第十六条　发出合伙人大会通知后，无正当理由，合伙人大会不应延期或取消，合伙人大会通知中列明的提案不应取消。一旦出现延期或取消的情形，召集人应当在原定召开日前至少2个工作日通知全体合伙人并说明原因。

第五章　合伙人大会的召开

第十七条　合伙企业召开合伙人大会的地点为：合伙企业住所地，即____________________。

合伙人大会将设置会场，以现场会议形式召开。合伙企业可以采用包括网络形式的投票平台等现代信息技术手段为合伙人参加合伙人大会提供便利。合伙人通过上述方式参加合伙人大会的，视为出席。合伙人可以出席合伙人大会，也可以委托代理人代为出席和表决。

第十八条 执行合伙人和其他召集人将采取必要措施，保证合伙人大会的正常秩序。对于干扰合伙人大会、寻衅滋事和侵犯合伙人合法权益的行为，将采取措施加以制止并及时报告有关部门查处。

第十九条 财产份额登记日登记在册的所有合伙人或其代理人，均有权出席合伙人大会，并依照有关法律、法规、本规则及《合伙协议》行使表决权。

第二十条 个人合伙人参加会议的，应出示本人身份证或其他能够表明其身份的有效证件或证明；委托代理人出席会议的，应出示本人有效身份证件、合伙人授权委托书。

法人合伙人应由法定代表人或者法定代表人委托的代理人出席会议。法定代表人出席会议的，应出示本人身份证、能证明其具有法定代表人资格的有效证明；委托代理人出席会议的，应出示本人身份证、法人合伙人单位的法定代表人依法出具的书面授权委托书。

第二十一条 合伙人出具的委托他人出席合伙人大会的授权委托书应当载明下列内容：

（一）代理人的姓名；

（二）是否具有表决权；

（三）分别对列入合伙人大会议程的每一审议事项投赞成、反对或弃权票的指示；

（四）委托书签发日期和有效期限；

（五）委托人签名（或盖章）。委托人为法人合伙人的，应加盖法人单位印章。

第二十二条 委托书应当注明如果合伙人不做具体指示，合伙人代理人是否可以按自己的意思表决。

第二十三条 代理投票授权委托书由委托人授权他人签署的，授权签署的授权书或者其他授权文件应当经过公证。经公证的授权书或者其他授权文件和投票代理委托书，均需备置于合伙企业住所或者召集会议的通知中指定的其他地方。

受托人为法人的，由其法定代表人或者董事会、其他决策机构决议授权的人作为代表出席合伙企业的合伙人大会。

第二十四条　出席会议人员的会议登记册由合伙企业负责制作。会议登记册载明参加会议人员姓名（或单位名称）、身份证号码、住所地址、持有或者代表有表决权的财产份额数额、被代理人姓名（或单位名称）等事项。

第二十五条　召集人和合伙企业聘请的律师将依据合伙人名册共同对合伙人资格的合法性进行验证，并登记合伙人姓名（或名称）及其所持有表决权的财产份额数。在会议主持人宣布现场出席会议的合伙人和代理人人数及所持有表决权的财产份额总数之前，会议登记应当终止。

第二十六条　合伙人大会由合伙企业首席执行官主持。合伙企业首席执行官不能履行职务或不履行职务时，由代表半数以上表决权的合伙人共同推举的代表主持。

合伙人自行召集的合伙人大会，由召集人推举代表主持。

召开合伙人大会时，会议主持人违反议事规则使合伙人大会无法继续进行的，经现场出席合伙人大会有表决权过半数的合伙人同意，合伙人大会可推举一人担任会议主持人，继续开会。

第二十七条　在年度合伙人大会上，执行合伙人应当就其过去一年的工作向合伙人大会做出报告。

第二十八条　执行合伙人在合伙人大会上就合伙人的质询和建议做出解释和说明。

第二十九条　会议主持人应当在表决前宣布现场出席会议的合伙人和代理人人数及所持有表决权的财产份额总数，现场出席会议的合伙人和代理人人数及所持有表决权的财产份额总数以会议登记为准。

第三十条　召集人应当保证合伙人大会连续举行，直至形成最终决议。因不可抗力等特殊原因导致合伙人大会中止或不能做出决议的，应采取必要措施尽快恢复召开合伙人大会或直接终止本次合伙人大会，并及时通知全体合伙人。

第六章　合伙人大会的表决和决议

第三十一条　合伙人对合伙企业有关事项做出决议，实行合伙人一人一票，即每个合伙人享有一个表决权。

第三十二条　下列事项由合伙人大会经过代表过半数表决权的合伙人通过：

（一）执行合伙人年度事务的执行报告；

（二）选举和更换执行合伙人，决定有关执行合伙人的管理费和业绩报酬事项；

（三）董事会和监事会成员的任免及其报酬和支付方法；

（四）合伙企业年度预算方案、决算方案；

（五）合伙企业年度报告；

（六）经合伙企业专家评审委员会表决通过的合伙企业对外股权投资项目的实施；

（七）合伙企业决策委员会的成立与组成；

（八）除法律、行政法规规定或者《合伙协议》规定应当以特别决议通过以外的其他事项。

第三十三条　下列事项由合伙人大会经过代表 2/3 以上表决权的合伙人通过：

（一）变更本合伙企业利润分配时间；

（二）超出合伙企业投资书预定计划投资的。

第三十四条　下列事项由合伙人大会经全体合伙人通过：

（一）改变合伙企业的名称；

（二）改变合伙企业的经营范围、主要经营场所的地点；

（三）处分合伙企业的不动产；

（四）转让或者处分合伙企业的知识产权和其他财产权利；

（五）以合伙企业名义为他人提供担保；

（六）聘任合伙人以外的人担任合伙企业的经营管理人员；

（七）修订本协议；

（八）延长或缩短合伙企业的合伙期限；

（九）增加普通合伙人的数量；

（十）普通合伙人与有限合伙人身份的转变；

（十一）普通合伙人将本合伙企业应向其分配的利润转增为对本合伙企业的增资；

（十二）合伙企业一次性对外划款、提取现金超过人民币100万元或者超过总投资的10%的；

（十三）新合伙人的入伙与合伙人的退伙；

（十四）合伙人的除名；

（十五）更换合伙企业执行合伙人；

（十六）普通合伙人同本合伙企业进行交易的；

（十七）增加或者减少对合伙企业的出资的；

（十八）合伙企业的解散；

（十九）法律、行政法规或《合伙协议》规定的，以及合伙人大会以普通决议认定会对合伙企业产生重大影响的、需要全体合伙人通过的其他事项。

第三十五条　合伙人大会审议有利害关系事项时，利害关系合伙人不应当参与投票表决，其所代表的有表决权数不计入有效表决总数。

有利害关系合伙人的回避和表决程序为：

（一）拟提交合伙人大会审议的事项如构成利害关系，召集人应及时事先通知该利害关系合伙人，利害关系合伙人亦应及时事先通知召集人。

（二）在合伙人大会召开时，利害关系合伙人应主动提出回避申请，其他合伙人也有权向召集人提出利害关系合伙人回避申请。召集人应依据有关规定审查该合伙人是否属利害关系合伙人及该合伙人是否应当回避。

（三）利害关系合伙人对召集人的决定有异议，有权可就是否构成利害关系关系、是否享有表决权事宜提请人民法院裁决，但在人民法院做出最终有效裁定之前，该合伙人不应当参与投票表决，其所代表的有表决权数不计入有效表决总数。

（四）应予回避的利害关系合伙人可以参加讨论涉及自己的利害关系交易，并可就该利害关系交易产生的原因、交易基本情况、交易是否公允合法及事宜等向合伙人大会做出解释和说明。

第三十六条 合伙人大会审议提案时，不会对提案进行修改，否则，有关变更应当被视为一个新的提案，不能在本次合伙人大会上进行表决。

第三十七条 同一表决权只能选择现场、网络或其他表决方式中的一种。同一表决权出现重复表决的以第一次投票结果为准。

第三十八条 合伙人大会采取记名方式投票表决。

第三十九条 合伙人大会对提案进行表决前，应当推举两名合伙人代表参加计票和监票。审议事项与合伙人有利害关系的，相关合伙人及代理人不得参加计票、监票。

合伙人大会对提案进行表决时，应当由律师、合伙人代表与监事代表共同负责计票、监票，并当场公布表决结果，决议的表决结果载入会议记录。

通过网络或其他方式投票的合伙企业合伙人或其代理人，有权通过相应的投票系统查验自己的投票结果。

第四十条 出席合伙人大会的合伙人，应当对提交表决的提案发表以下意见之一：同意、反对或弃权。

未填、错填、字迹无法辨认的表决票，未投的表决票均视为投票人放弃表决权利，其所持股份数的表决结果应计为“弃权”，并根据表决结果宣布提案是否通过。

第四十一条　合伙人大会现场结束时间不得早于网络或其他方式，会议主持人应当宣布每一提案的表决情况和结果。

在正式公布表决结果前，合伙人大会现场、网络及其他表决方式中所涉及的合伙企业、计票人、监票人、主要合伙人、网络服务方等相关各方对表决情况均负有保密义务。

第四十二条　会议主持人如果对提交表决的决议结果有任何怀疑，可以对所投票数组织点票；如果会议主持人未进行点票，出席会议的合伙人或者合伙人代理人对会议主持人宣布结果有异议的，有权在宣布表决结果后立即要求点票，会议主持人应当立即组织点票。

第四十三条　合伙人大会决议应当及时公告，公告中应列明出席会议的合伙人和代理人人数、所持有表决权的总数及占合伙企业有表决权总数的比例、表决方式、每项提案的表决结果和通过的各项决议的详细内容。

第四十四条　合伙人大会应有会议记录。会议记录记载以下内容：

（一）会议时间、地点、议程和召集人姓名或名称；

（二）会议主持人；

（三）出席会议的合伙人和代理人人数、所持有表决权的总数及占合伙企业财产份额总数的比例；

（四）对每一提案的审议经过、发言要点和表决结果；

（五）合伙人的质询意见或建议以及相应的答复或说明；

（六）律师及计票人、监票人姓名；

（七）《合伙协议》规定应当载入会议记录的其他内容。

第四十五条　召集人应当保证会议记录内容真实、准确和完整。出席会议的召集人或其代表、会议主持人应当在会议记录上签名。会议记录应当与现场出席合伙人的签名册及代理出席的委托书、网络及其他方式表决情况的有效资料一并保存，保存期限为 10 年。

第四十六条 合伙企业合伙人大会决议内容违反法律、行政法规的无效。

合伙人大会的会议召集程序、表决方式违反法律、行政法规、本规则或者合伙协议，或者决议内容违反合伙协议的，合伙人可以自决议做出之日起60日内，请求人民法院撤销。

第七章 附则

第四十七条 本议事规则将作为《合伙协议》的附件，自经合伙人大会批准之日起生效；修改时亦同。

第四十八条 本议事规则未尽事宜依照国家法律、法规和《合伙协议》及其修正案的规定执行。

第四十九条 本议事规则的解释权属于合伙人大会。